U0497779

Chunhua Qiushi

春华秋实

主编◎颜邦辉

西南财经大学出版社

中国·成都

图书在版编目(CIP)数据

春华秋实/颜邦辉主编.—成都:西南财经大学出版社,2024.5
ISBN 978-7-5504-6199-4

Ⅰ.①春… Ⅱ.①颜… Ⅲ.①中学—教学经验—南江县
Ⅳ.①G632.0

中国国家版本馆 CIP 数据核字(2024)第 103470 号

春华秋实

主编 颜邦辉

责任编辑:邓嘉玲
责任校对:石晓东
封面设计:墨创文化
责任印制:朱曼丽

出版发行	西南财经大学出版社(四川省成都市光华村街 55 号)
网　　址	http://cbs.swufe.edu.cn
电子邮件	bookcj@ swufe.edu.cn
邮政编码	610074
电　　话	028-87353785
照　　排	四川胜翔数码印务设计有限公司
印　　刷	四川五洲彩印有限责任公司
成品尺寸	148 mm×210 mm
印　　张	9.375
字　　数	233 千字
版　　次	2024 年 5 月第 1 版
印　　次	2024 年 5 月第 1 次印刷
印　　数	1— 3500 册
书　　号	ISBN 978-7-5504-6199-4
定　　价	35.00 元

《春华秋实》

主　编：颜邦辉

副主编：夏康晋

编　委：颜邦辉　曾建东　夏康晋　秦发庭

　　　　　袁清平　何　杰　罗　鹏　康树锐

审　稿：颜邦辉

前 言

用新耕读精神砥砺师生品质

忠厚传家久，诗书继世长。耕读文化是中国几千年农业文明社会在特定历史时期形成的历史文化，已经成为各个阶层普遍认可的社会共识，其至今仍在产生积极的社会影响和发挥潜移默化的教育作用。在当今互联网高度发达的信息时代，亦耕亦读的方式虽然已经发生了改变，但耕读文化的基本精神仍具有永恒的社会价值，应该大力将其发扬光大。四川省南江县长赤中学以此为引，着力提高农村普通高中的教育品质，为农村孩子探索了一条成人成才的道路。

长赤中学前身系始建于清朝光绪年间的龙池书院，距今已有140余年的办学历史。作为一所农村高中，学校始终坚持以"生命、健康、质量"为办学理念，用红色文化铸魂，以传统文化塑形，大力弘扬"勤耕苦读，自强不息"的办学精神，让每一个农民子女在学好科学文化知识的同时，学会生存的技能，做到回家能务农、进城能务工、读书能升学、升学能深造。学校也正是从这一点出发，结合其百年的历史沉淀，提出了新耕读教育。对耕读文化的挽留、对读书文化回归的呼唤，体现出学校始终以弘扬本土的传统文化为支撑点，创建以"乡风雅韵"为特色的校园文化，着力培养德智体美劳全面发展的社会主义建设者和接班人。

新耕读，新教育

学校的新耕读教育对传统耕读文化中"晴耕雨读，昼耕夜读"的价值倡导进行了重新定义，将其解读为"勤耕苦读，晨诵午读"。"耕"是必要的生活基础，而"读"是社会的进步之本。在古代社会，大巴山地区的人民将"耕"与"读"结合，衍生出了"学用结合""学以致用""教育与生产劳动相结合"等文化教育理念。

因此，学校把耕读教育融入教学活动中。一方面，新耕读文化在借鉴传统耕读文化的基础上，将适用于士人的半耕半读的生活方式扩展到现代学校教育，提倡劳动与求知相结合，要求全体学生在实践中运用知识，进而汲取新的知识，并将其加以检验和运用，以达到理论与实践相结合的目标。另一方面，新耕读教育不仅仅要求学生关注自身知识的学习，更注重培养学生不断求知的精神，始终保障学生能够了解最新知识，更新自身认知，在潜移默化中提升自身思想道德高度，达到知行合一。

学校在学科教学中不断挖掘耕读文化影响因素，培养学生的地域气质和民族自豪感。在地理课堂上，老师让学生们了解家乡的地理位置、地形地貌、自然气候、物产种类，领略家乡的山、水、湾、田的特色与美丽，留住家乡的老建筑、老味道、老物件等乡土记忆；在历史课堂上，老师让学生们了解家乡的龙池十二景、石马坟、禹王宫的历史和家乡近现代的红色岁月，让学生从家乡历史的几度变迁中探寻本土文明，记住家乡那些熠熠生辉的历史人物；在政治课堂上，老师让学生们了解新时代家乡的大交通、新农村建设、庭院经济、观光农业、生态农业、美丽乡村，为家乡发展成果而自豪。学校将综合实践课堂延伸到校外，把书香校园与金色田园连接起来。

学校也在积极开展生产生活实践。一方面，学校开展了社会生产实践活动。学生积极参与社会生产实践，在生产实践中受到教育、掌握知识。学校利用课余时间带领学生走出教室，深入生产实践基地，让学生在实际耕作中了解和掌握一些基本的生产常识和技能，使学生更加热爱生产实践活动。另一方面，学校还开展了生活实践活动，目的是让学生学会生存，学会生活，获得生活技能。学校坚持让学生在校打扫校园清洁卫生、整理内务，培养他们良好的起居习惯；指导学生勤洗衣、能做饭，培养他们基本的生活能力。

新耕读，新美德

学校的新耕读教育将传统耕读文化中"宜勤耕、宜苦读、宜忠信、宜孝友、宜俭约"的狭义要求对应解读为"明德""启智""强体""尚美""精技"的广义融合。新耕读文化本身就蕴含着对传统文化精华的继承与发扬。丰富新耕读文化的过程，就是潜移默化地使学生加深对传统文化理解的过程。通过阅读传统文化的优秀内容，接触民间技艺、巴山民歌、生产生活等，学生不仅能学习古代经典，还能理解古代巴山人民"日出而作，日落而息"的生活方式。新耕读教育在借鉴传统耕读文化的基础上，要求学生不仅要学习科学文化知识，还要养成孝、悌、忠、义等优秀的道德品质，树立正确的道德观，切实提高思想道德水平。

因此，学校将"耕读教育"融入德育活动。学校开展传承耕读文化系列活动，切实加强耕读文化教育。学校以活动为载体，关注学生兴趣、个性，培养学生特长，开展丰富多彩的耕读文化活动，为学生提供成长的沃土，促进了学生全面而富有个性的发展。

在文化中汲取美德。学校开展了系列节日文化活动，传承中华优秀传统文化，弘扬民族精神。每当传统的节日到来前，学校都会提前安排和布置既体现节日内涵又符合现实需要的各种形式的文化活动。同时，学校还开展了系列校园特色文化活动，举办生活技能大赛、演讲比赛、辩论赛、汉字听写大赛等，丰富学生生活，为学生提供展示自我的舞台，以培养学生的生活技能、创新意识和创新精神，提高学生的科学文化素养。

在行动中汲取美德。学校开展了社团活动和军训活动，组建学科类、艺体类、实践类和文学类学生社团；营造学生自主教育、自主管理、自我完善的育人氛围；利用军训活动让学生学会生存、学会合作、学会关怀、学会吃苦。此外，学校还开展了社区活动，引导和组织学生志愿者参加建设美丽社区和美丽乡村活动，参加乡村孤寡老人和敬老院献爱心做好事活动。学生在活动中实现知行合一，养成了自强不息、勤劳朴实和发奋图强的优良品质。

此外，学校还开展了自治活动，实行学生自主自我管理，践行耕读承诺。实行自治管理，就是培养学生主动谋事、主动做事、主动做成事的意识和能力，使学生实现自我监督、自我管理、自我提升。学校根据农村学校广大留守学生生活上缺人照顾、思想上缺人引导、情感上缺人抚慰的实际，建立健全学生自我完善的德育工作体系、自我教育的班集体建设体系、自我发展的探究性学习体系和自我管理的生活实践体系，引导学生学会求真、学会思考、学会实践、学会规范、学会追求、学会生存，启发学生自我教育。

新耕读，新课程

学校的新耕读教育将传统耕读文化中的自然、随意、不规则的成长路径，解读为"养成好习惯、形成好性格、练成好身体、学成好本领"的"四个成"育人路径。学校将"耕读教育"纳入校本课程。耕读文化蕴含着不少值得传承的人文精华，塑造了一代又一代有胸怀天下、振兴中华的理想追求且自强不息、勇于担当的英勇儿女，实现了其报效国家、服务人民的人生理想。学校围绕"耕读文化"，分年级、分学科，有目的、有计划地组织教师进行农耕校本课程开发，以"明德、启智、强体、尚美、精技"为目的，建构五类课程。

一是环境课程，建设乡村文化美丽学校。学校发挥校园环境的育人作用，围绕"耕读文化"这一主题，精心构建校园环境，如莲池、柳塘、梨园、稻田、菜畦等绿化区的布置与管理，精心打造美丽乡村校园。同时，学校充分发挥自身资源优势，把校园的每一处做成一门课程，让学生生活在充满"农味"气息的"潜在课堂"里，每时每刻受到熏陶，达到润物细无声的效果。

二是特色课程，围绕"耕读文化"，进行农耕校本课程开发。课程渗透"耕读文化"教育，彰显"耕读文化"思想，详细解读"耕读文化"精神内涵。教师通过教学实验、论证，开发出适合农村学生特色的校本教材，如《雅韵南江》等。

三是实践课程，配置实验基地，与教学活动有效整合。除了有校本综合实践活动课程外，学校还应在其他学科教学中不断挖掘文化影响因素，有机渗透"耕读文化"，与实践基地紧密结合，以形成教育的合力。学校紧紧依托茶叶、稻田、作坊、养殖四大教育实践基地，与学校德育活动有机融合，坚持做到理论与实践相结合，既能让农村学生学到一技之长，又能培养学生热爱农村、建设农村的情怀。

四是体验课程。社会是在不断变化的，随着乡村生活水平的日益提高，学生们很少能目睹这些富有农村特质的劳动工具、生活用品了。基于这样的事实，学校开辟了"巴山农耕文化陈列馆"，陈列正逐渐消失的劳动工具、生活用品。学校还以"阳光体育运动"活动为支撑，强健学生体魄、磨练学生意志、修炼学生品行；以"社会实践活动"为依靠，让学生在学好科学文化知识的同时，掌握1~2项基本的生产和生活技能。

五是民俗课程，依托长赤文化资源，开展丰富多彩的传统文化活动。学生可以了解和参加"泡汤节""红叶节""荷花节""抓鱼节""龙舟赛"等独具特色的节日庆典，知道说春、年画、皮蛋、麻饼等非物质文化遗产。学生在活动中学习传统文化知识，领悟传统文化精华，用文化提升思想内涵，在文化中汲取营养，形成正确的人生观、价值观，从而弘扬社会正能量。教师将教学实验、论证贯穿在思想道德教育活动中，培育学生懂农村、知农事、爱农民的家国情怀。

正如孔子所说："殷因于夏礼，所损益可知也；周因于殷礼，所损益可知也。"新时代，"耕读结合"被注入了新的内涵。学校借鉴耕读文化历史，结合"五育并举"，让教育回归生活，让教育与社会实践相结合。长赤中学的新耕读教育正是在重新认识传统耕读教育的时代价值的基础上，重新解读根深叶茂的传统耕读教育的新内涵。

颜邦辉

2024 年 5 月

目 录

上篇　那些让我们敬爱的老师

春华秋实

下篇　那些让我们仰慕的学长

上篇

那些让我们敬爱的老师

我让农村孩子圆梦清北

许成银

许成银

我出生在仪陇县一个普通的农村家庭，父辈们、乡亲们为了生活起早贪黑的身影时常浮现在我的脑海，他们用最简单的行动传递着对我勤劳和朴实的教育。小时候，读书条件不好，是我刻骨铭心的记忆。那时，我的理想便是成为一个能改变农村的人。

到长赤中学做教师，让我曾经的理想鲜活了起来；学校的耕读教育，更让我坚信了这一理想。在看到很多同学、朋友都去县城、市区工作，且他们的孩子也去了县城里的学校读书的时候，我也羡慕过、动摇过，但是我还是坚定地留了下来。不忘初心，方得始终。为了让农村的孩子也享受到像县城孩子一样好的教育，为了让外出务工的家长无后顾之忧，为了助力农村孩子成人成才，真正为乡村振兴贡献绵薄之力，作为一名老师的我常想：唯有踏踏实实地扎根农村，才能无愧于心。

2012年，我通过招考进入长赤中学，走上三尺讲台。我热爱教育事业、热爱教师工作、热爱每一个学生。在工作上，我时刻严格要求自己，严格遵守教师道德规范和各种工作制度，服从分配，听从指挥，无论学校安排什么任务，我都能够愉快接受，并按时完成任务。在业务上，我更是时刻严格要求自己，因为我深知没有坚实的业务功底，没有准确的知识结构，没有先进的教育思想，就无法胜任教师的工作。为了提高自己的师能师艺，我积极争取外出学习的机会：2015年到成都七中参加"全省教育教学论坛"；2016年到巴中中学参加"全国中小学班主任培训"；2016年到绵阳中学实验学校跟岗观摩学习；2017年到西华师范大学参加"高考复习备考研讨会"；2019年到金太阳教育集团参加学习；2020年到河北正定中学参加"高考复习备考研讨会"；2022年参加各类网络教研等。外出学习的经历开阔了我的视野，我认真消化贯通，并将所学逐步运用到教育教学过程中。

付出真诚就能得到真诚，付出理解就能得到理解，而付出爱就一定会得到爱的回报！从教以来，我所带的班级学风浓、班风正，师生关系融洽，同学们都认为我是可以依赖的老师，还是知心的好朋友，更是值得尊敬的长者。我所教学生成绩优异：2014年高考中，我任教的高2014届6班、8班学生的数学成绩在同类班级中占据了绝对优势，尤其是6班的侯刚云同学以134分的成绩在长赤中学平行班中名列第一；2018年高考中，赵海涛、李永琪等多人被位列全国前十的大学录取；2019年高考中，李胜、胡玉娇分别以706分、695分获得巴中市理科第一名、第二名，并被清华大学、北京大学录取，金焕、龙杰等多人被位列全国前十的大学录取；2022年高考中，唐梁、赵川等被上海交通大学、西安电子科技大学等知名高校录取；2023年高考中，陆慧、陈琳等被复旦大学、中国人民大学等知名高校录取。我个人也在工作中取得佳绩：2015

年，被学校评为"优秀青年教师"；2016 年被南江县教育科技和体育局评为"优秀教育工作者"；2017 年，被学校评为"优秀班主任"，所带的高 2015 级 13 班被巴中市教育局评为"巴中市先进班集体"；2018 年被南江县教育科技和体育局评为"师德师风先进个人"，被四川省教育厅评为"优秀教师"；2019 年被南江县教育科技和体育局评为"优秀班主任"；2022 年被南江县教育科技和体育局评为"优秀教师"；2023 年被南江县人民政府评为"优秀教师"。上级领导和学校对我的认可和厚爱，更加坚定了我"扎根农村"的初心，让我更务实勤奋地工作，做一个农村孩子的虔诚的守望者。

"爱心"是教师工作中不可或缺的东西，我坚信陪伴就是对学生的爱。颜校长提出"见面就是管理，陪伴就是教育，坚持就是文化"的教育理念，我将这句话作为自己的工作准则，不管是做老师还是做班主任，我都用尽可能多的时间和学生们在一起，我经常问自己："今天和学生见面的时间多吗？陪伴学生的时间多吗？"每当接手一个新的班级，面对着不同的学生，我都会努力寻找每位学生身上的闪光点，关爱每一个孩子，让每一个孩子都能健康快乐地成长，让每一个孩子都能在课堂上展示自我，找到自信。在十余年的从教经历中，我始终坚持"再多一点耐心，再多一点爱心，再多一点理解，再多一些鼓励"去对待那些学困生，点燃他们学习的希望。孩子们逐渐转变，我也逐渐明白，教育最终不是"技"的比拼，而是"道"的抉择，没有爱就没有教育。

过去已成历史，未来是我永恒的憧憬。如今，我站在新的岗位上，面对新时代的学生，我准备告诫他们，也告诫我自己：归零意识的重要性。而今迈步从头越，去挑战更大的困难，创造更加辉煌的未来。

我生在农村，长在农村，现在扎根农村教育。我要像父辈一样，勤劳朴实地工作，与学生共成长，与同事共奋进，与学校共命运，只有这样才能实现更大的人生价值，才能不忘初心，坚持做农村孩子成长的守望者。

在希望的田野上

付　超

付　超

白驹过隙，时光荏苒，2024 年是我在长赤中学工作的第 17 年。过去十余年里，领导的关怀、同事的帮助和师生间的心有灵犀，让我这位初出茅庐的年轻教师迅速成长。过去十余年里，我认真学习党的教育方针和政策，积极参加各种政治学习，践行党的教育思想。我始终兢兢业业，任劳任怨，认真且富有成效地开展了各项教育、教学、教研工作，得到了学校和全体师生的认可。

回顾自己 17 年来在英语教学中的点点滴滴，我认为并没有什么绝对行之有效的"教学经验"，有的只是自己尽职尽责的工作态度、严格而灵活的教学方法。我要求自己要对新课程、新理念和学校的"三主五学"教学模式理解深刻、掌握扎实、运用熟练，要能够富有创造性地使用教材，以培养学生的创新精神和实践能力。我深入研究高考试题，做到教学时有针对性，全面提高了学生的学习成绩。我所带班级高考英语平均分多次超过 120 分，我也多次被中共南江县委、南江县人民政府和南江县教育科技和体育局表彰为"十佳教师""优秀教师""南江新青年"和"优秀共产党员"。

对于英语教学，我有以下几点体会：

（1）英语是一门语言。因此，在课堂之外，多读、多听、多练是十分有必要的。为此，每一次的早读课上，我先给学生布置早读内容，然后抽时间对早读效果进行检测；课后把听写不过关的学生留下来辅导，让学生们及时消化；另外，对部分不自觉的同学还采取强硬背诵等方式，旨在提高他们的英语学习能力。

（2）认真备课对教学十分重要。教学中，备课是一个必不可少的环节。充分备课，能调动学生的积极性，起到良好的教学效果。拿到一篇文章时，我往往发现文中可讲的知识点很多，而且似乎都很重要，但如果都讲的话，一方面课时不允许，另一方面凸显不出文章的重点。面对这么多的知识点，我应该如何取舍、如何安排组织才可以使这堂课上得连贯、流畅、圆满呢？这是我备课中遇到的最大问题。于是，每天我都花费大量的时间在备课上，认真钻研教材和教法，对照单元学习要求，找出重点、难点，并按重要程度把各个知识点列出来，进而理顺上课的思路。在备课的过程中，我除了准备课本上要求的内容外，还尽量多收集一些有趣的课外资料作为补充，以提高学生的听课兴趣。

（3）重视课堂40分钟的教学实践。辛苦的备课归根结底还是为上课作准备的。我非常重视课堂上的40分钟，在教学的过程中尽量做到内容丰富充实，教态自然大方，语言生动活泼。在讲课过程中，我注意学生的反应，及时解答学生提出的问题，注意加强和学生的交流，以提高学生的学习积极性。

（4）积极听取公开课，吸取良好经验。我积极参与学校和教研组组织的各种听课、评课活动，虚心向同行学习教学方法和教学手段，博采众长，以提高自己的英语教学水平。

（5）激励优生，鼓励后生。进入高中后，部分学生处于亚紧张状态，因此，思想教育也成为平常教育中的重点之一。我利用业余时间对学生进行思想教育引导。我经常对基础相对薄弱的学生进行鼓励，以消除他们的自卑心理，有时我会在课堂上给他们提一些容易回答的问题，以增强他们的自信心，提高他们的学习积极性。

成绩已成过去，今后我将继续加强学习，勤反思，以促进教学工作更上一层楼。

在十年的班主任工作经历中，我本着学校"生命、健康、质量"的办学理念，坚持狠抓育人环境和励志文化建设，教育学生"学会做人，学会学习，学会生活"，着力建设一个团结、文明、守纪、勤奋学习、锐意进取的班集体。我所带班级也取得了不错的成绩，多人考入清华大学、中国人民大学、中国科学技术大学、电子科技大学、华南理工大学、中国石油大学、武汉大学等高校。虽然取得了一点成绩，但我在这里给大家交流经验还是感到诚惶诚恐，因为在长赤中学比我工作经验丰富的班主任有很多，所以我只是粗浅地总结我当班主任的点滴做法。

（1）注重德育教育。德育教育是素质教育的核心，培养高素质的学生必须重视思想道德教育，加强常规管理，使学生自觉遵守校纪校规，规范自己的行为，培养良好的习惯。

（2）注重情感投入。要做好班主任工作，不仅要对学生严格要求、严格管理，还要充分了解、主动关心每一个学生，把学生当成自己的家人和朋友；不仅要关心他们的表现、学习，还要关心他们的生活和身体。对于父母不在身边的住校学生，我还经常深入学生宿舍关心他们的生活情况。

（3）关爱和惩戒并用。如今，教育都提倡用爱心去感化，少惩戒学生。教师不能只用关爱去感化，还可以适当地加以惩戒。但大多数高中生是能体会到老师的良苦用心的。对于惩戒学生，我谈一点个人看法，如果我们当着全班学生的面惩戒某一个学生，想达到"杀鸡给猴看"的效果，往往会给被惩戒的学生造成心灵上的创伤，这种做法是不值得提倡的。

（4）倾注爱心，做好后进生转化工作。转化后进生是班级管理"永恒的主题"，是班主任工作能力的重要体现。每个班级不乏基础相对薄弱的学生，特优班也不例外，但我从不放弃他们。交流、鼓励、包容、理解是我惯用的"伎俩"。我曾有一位学生，学习理科对她来说难度很大，尤其是物理和数学，但这位学生自己很努力，我也经常与她谈心并多次在班上表扬她，让她的努力被老师和同学认可，因此她的学习热情也一直很高，最终她考入了一所二本院校。所以我认为后进生在基础薄弱和学习习惯差的情况下更需要老师的肯定和鼓励，老师的一句话、一个眼神也许会改变他们的一生。

（5）认真执行学校"见面就是管理，陪伴就是教育，坚持就是文化"的要求。班主任工作的意义是重大的，它承载着几十个家庭的梦想，所以我认为我必须认真负责地干好班主任工作。做班主任的这十年里，我始终严格要求自己，认真履行好班主任的职责，努力做好各项班级工作。虽然班主任的工作比较辛苦，但是辛苦中满含收获与幸福。

总之，班主任工作是一项复杂的工作，只有从点滴做起，从小事做起，因势利导，做到润物细无声，给学生更多的人文关怀，才能把工作做到学生的心里去。

爱是教育的最高境界，我们每位老师心里爱着多少孩子，我们就能影响多少孩子；我们每位老师心里有多爱孩子，我们就能多大程度地帮助孩子；我们的工作就是要努力做到：爱中有严，严中有爱；爱而不宠，严而有格。

教与学的和谐旋律

何 杰

何 杰

当今时代不同了，教学的方法也在不断地变化，在新课程改革的背景之下，高中物理的教学也发生了很大的变化。高中物理是理科中非常考验逻辑和思考能力的一门科目，学生要学懂力、电、磁、光、原子物理等理论与应用。物理理论知识学起来会比较枯燥，并且很费脑子。关于如何能够高效地指导学生进行有效的学习，让学生在高考中取得优异的成绩，我在新课程改革的背景下对高中物理课堂教学进行了探究。

如今高中生的学习压力很大，他们的压力与课堂的教学气氛是分不开的。受传统的教学模式的影响，部分理科老师一味地采取题海战术，让学生不断刷题，导致有的学生在学习物理知识时感到十分吃力。学生的压力很大，精神也更加紧张、敏感，导致高中物理课堂的教学质量不理想。同时，有一部分学生还不太清楚学习物理知识的重要性。我们清楚地知道高校招生对物理学科的要求很高，所以学好高中物理知识是非常重要的。

在新课程改革背景下，高中物理课堂教学要将实验与教学相结合。

物理是一门以实验为基础的学科，实验是物理学的重要研究方法，只有重视实验，才能使物理教学获得成功；学生只有通过实验观察物理事实，才能真正理解和掌握知识。

首先，我们可以通过趣味明了的实验演示，激发他们的探索欲望。小实验一目了然，方便易行，能很快抓住学生的眼球并吸引学生的注意力。

其次，我们可以用实验导入新课，使学生产生悬念，然后通过授课解决悬念。每节课的前几分钟，学生情绪高昂、精神旺盛、注意力集中，如果我们能抓住这个有利时机，根据所讲内容，做一些随手可做的实验，就能激发他们的学习兴趣，使学生在好奇心理的驱使下进入听课角色。

最后，我们还可以用具有惊险性、出乎意料的实验激发学生的学习兴趣。兴趣会对人的活动产生巨大的推动作用，学生一旦对学习产生兴趣，就会充分发挥自己学习的积极性和主动性。人类的兴趣与好奇心紧密相连，培养好奇心的关键在于使新信息的刺激出乎学生的意料，打破他们原有的认知体系。例如，在讲授机械能守恒定律时，老师可用一个单摆来做实验：先将摆球拉个较大的角度使之贴近眼睛，人站着不动，然后放手，使单摆摆动起来。很多学生替老师担心，生怕摆球会碰到老师的眼睛。但实验结果却出乎学生的意料，摆球并未碰到老师的眼睛。

在新课程改革背景下，高中物理课堂教学要求将物理知识与生活实际相结合。由于物理是一门和生活很贴近的课程，所以学生可以在生活中发现很多物理知识。其实，教会学生发现身边的物理知识也是一件很有乐趣的事。

在新课程改革背景下，高中物理课堂教学要运用适当的教学方式，正确引导学生学习物理知识。教师要在新课程改革中改变以往的教学方法，不再枯燥地讲授知识，而要在课堂上充分利用多媒体技术，要在教学活动中让学生在自主学习、和谐互助和合作探究中，不断增长知识、提升能力。在新课程改革中，我非常认同学校提倡的"三主五学教学模式"，即以学生为主体，以教师为主导，以探究训练为主线；该模式是一种"导学→探学→助学→评学→延学"的课堂教学模式，其实质就是以激发学生兴趣为先导，以学生为主体，让学生自主学习、自我发展、全面提高。

在新课程改革背景下，高中物理课堂教学要提高教学艺术，激发学生学习兴趣。在教学中，老师既要讲哲理，又要有幽默，以深深地感染和吸引学生，使自己教得轻松，学生学得愉快。

1. 用生动风趣的语言，激发和提高学生的学习兴趣

教学需要语言艺术。课前，教师要进行自我心理调整，这样才能在课堂上有声有色，才能带着愉悦的心情传授知识，从而使学生受到感染。

2. 讲述有趣的物理现象、物理学史的发展和物理学家的故事，继续激发学生学习兴趣

物理学史的发展、物理学家的故事，是课堂教学的好素材。例如，我国古代四大发明之一——指南针，会使学生有很强的民族自豪感和自信心；"爱迪生和白炽电灯"的故事会使学生了解科学家的成才之路，

并深深地体会到"天才等于百分之一的灵感加上百分之九十九的汗水"这一道理。

3. 让学生留心观察现实生活中的物理现象，从现象中感知物理的意义

物理学是以观察和实验为基础的科学，很多物理定律和规律都是从观察中得到的。例如，牛顿通过对苹果落地的思索，发现了万有引力定律；伽利略通过观察吊灯的摆动，发现了单摆的等时性。通过举例，老师要引导学生观察实际生活中的物理现象。

总之，在物理教学中，老师的妙语解颐，有深入浅出、雅俗共赏的特点；生动有趣的实验，可以把"外在"的信息，即物理课题以新奇的方式展示在学生面前，使课堂气氛活跃、引人入胜，从而培养学生的学习兴趣，并在乐趣中获得知识、巩固知识。这样的教学方法，无疑会产生良好的效果。

教师在课堂的教学过程中，要改变以往的教学方式，尽量多运用多媒体、多进行实验，让学生充分了解物理这个学科。只有这样，学生才会对物理产生兴趣，才能调动学生的学习积极性，才能给学生的高中生活增添一丝色彩。

向美而生　向光而行

张玉兰

张玉兰

教育之路漫长而艰辛，却又总是让人着迷。细数来时路，2024年已是我参加工作的第 11 个年头，如何做一名优秀教师一直是我在工作中不断摸索和思考的重点。有幸读了《做一个灵魂有香气的女教师》一书，我颇有一种拨开云雾见青天的欣喜感与幸福感。平日工作时的我总嫌时间紧张，便只顾埋头匆匆赶路，殊不知走远路更应抬头仰望星空，等等那个还未跟上的灵魂。我很喜欢书中李迪老师说的"修行——向美而生"这句话，我想行走在充满热爱的这条教育路上，我们一定会获取内心真正的喜悦。接下来我想谈谈这些年在教育之路上的收获与感悟。

在教育中，"不能让孩子输在起跑线上"。这句话曾让无数家长和老师压力倍增、疯狂"卷娃"，可是随之而来的是孩子出现心理疾病，而这些恰恰暴露出我们教育中存在的巨大问题，当过分追求成绩而忽视孩子的内心世界时，我们会发现这样的教育其实是失败的。因为当他们狂奔到大学这个目的地时，会发现对未来的路特别迷茫，未来成为一个什么样的人、什么样的人生是有价值的……这些问题都是曾经上学时老师未曾教过的，猛然面临这些人生课题时，孩子是承受不住的。因此，作为教育者，我们应该多问问自己：你希望培养出什么样的学生？你认为在教育中教给学生什么是最重要的？你认为什么样的教育是成功的？今天，孩子努力学习不再是为了吃饱穿暖，他们有更高层次的发展需求，因此我们也应带领孩子们多去追寻内心世界里的"诗与远方"！看看风是怎么吹过柳梢，听听小溪能奏出怎样悦耳的曲子，摸摸小草钻出泥土的嫩芽，闻闻独属春天的气息，走走被月亮、星星照亮的小路……

腹有诗书气自华，读书是一个人最好的修行。我经常关注一些老师妙趣横生、富含哲理的分享，从他们的言语中我看到了他们读过的每一本书在他们身上生根发芽的痕迹，无数书籍积淀所形成的巨大能量向我们释放出来。读书可以富养心灵，让你出言有尺、嬉笑有度、做事有余，你读过的每一本书都会成为你向上攀登的石阶。以前我总是以没时间为由，错过了很多与"高尚的人"对话的机会，这样一想实属惭愧，我总是跟学生讲读书的好处，鼓励他们多看书，而自己却不曾做到，想必这样的言行不一，学生也不会真正信服我。从今天起，我就要留出时间给书籍吧，让自己的生命更有质感，让人生之路更加充实。尤其作为一名老师，我们更应该做好孩子们的榜样，与他们一同在书中找寻此刻的快乐，一同穿破黑暗，追光而寻。

一路走来，我看到了很多教书育人的典范，秦发庭、袁清平、付超老师，他们作为学校领导也作为一线班主任，对孩子倾注了无限的爱与关怀，关心着每一个孩子的成长。一个个精心设计的班级小妙招，背后都是他们绞尽脑汁的思考与无私的付出。不断地给予爱，也让老师们收获了孩子们的爱戴与感激。成为这些老师的学生，他们是幸福的，这些老师也是幸福的。当他们侃侃而谈自己的班级理念时，当他们说起孩子们制造的惊喜时，当他们展示孩子们的巨大进步时，我看到了教育的意义。这是生命和生命的碰撞，这是爱的相互回应。作为一名老师，我们是幸运的，因为我们有机会用自己的爱去影响甚至改变一个乃至许多孩子。去关心每一个幼小而美好的心灵吧，他们的世界会因此而温暖。

行走在教育的路上，荆棘丛生的外表背后是满满的温暖与感动，我愿以梦为马，不断学习，努力成长，带领学生一起奔赴属于自己的那片星辰大海！

做一名灵魂有香气的女教师

侯晓艳

侯晓艳

"如果你是一滴水，你是否滋润了一寸土地？如果你是一缕阳光，你是否照亮了一分黑暗？如果你是一粒粮食，你是否哺育了有用的生命？如果你是一颗最小的螺丝钉，你是否永远坚守你生活的岗位？"雷锋同志曾这样说过。

我在想，如果你是一名教师，你是否浇灌过桃李芬芳？

人们常把教师比喻成塑造人类灵魂的工程师，看作太阳下最光荣的职业。的确，好老师是时代的呼唤，也是人民的期许……

我来自农村，自愿选择师范专业和教师行业，我只希望做这样一名女教师：一辈子只干一件事，几十年如一日地读书、学习、备课、讲解，不图名利，只为享受教书带给我的宁静与收获。在课堂上，学生能听得如痴如醉；我坚持每天锻炼，只为保持身心健康，以便上课时给予学生太阳般的温暖与光明；我努力让自己美美地生活着，只为用自己的美去引导学生感知美、发现美、追求美。我很痴迷和学生一起成长。我的学生都来自农村，其中90%都是留守学生，我希望他们都长成勤耕苦读、循礼守份的人。我告诉孩子们："要有一颗感恩之心。老师不要求你们滴水之恩当涌泉相报，只要求你们记得，关心是相互的，因为互相关心，你才会感到温暖。虽然真正为你好的人，从未想过要你的回报，但是懂得回报，才显得真情的可贵啊！"我始终相信，拥有一颗感恩之心的孩子总不会太差。作为孩子们的灵魂导师，我将坚守本心，一路向阳，努力做一名灯塔式的好老师！

陶行知先生的"捧着一颗心来，不带半根草去"的教育箴言时刻鞭策着我。作为学校纪律检查委员会的一员，我深知廉洁从教的重要性。作为教师，我们更应该懂得"廉洁"就是自律自强、恪尽职守、乐于奉献、公正执教，更应弘扬"敬廉崇洁"的精神。廉洁从教是斯是陋室、惟吾德馨的豪迈；是淡泊名利、不图回报的淡然；是一支粉笔、两袖清风、三尺讲台的超脱；是兢兢业业、任劳任怨的无私奉献。面对世俗，我们要抵得住诱惑，筑得牢信念，守得住清贫，耐得住寂寞，甘为人梯，乐做春蚕。光雾红叶，装点巴山蜀水；廉韵清风，吹拂南江校园。作为新时代的育花人，我将不忘初心，砥砺前行，努力做一个敬廉崇洁的好老师！

把每一件平凡的事做好就是不平凡，把每一件简单的事做好就是不简单。十余载的栉风沐雨，十余载的辛勤耕耘，十余载的乐此不疲，十余载的默默坚守，让我深深地爱上了这个平凡却又充满意义的职业，我将一路在这个平凡的岗位上用自己的实际行动诠释一名教师的奉献与担当，践行教书育人的初心与使命。怀特海早在《教育的目的》一书中提到：教育只有一个主题，那就是五彩缤纷的生活。要将学校教育通往现实世界，在现在和未来之间搭建一座牢固的桥梁，就必须要不断学习、不断进步。在当今科研兴教的新形势下，教师更应不断思考、与时俱进，努力践行"激活教育"理念，积极开展"活力课堂"教学，让课堂充满生机与活力。作为孩子们的知识先驱，我将不断学习、不断进步，努力做一名有思想深度的好老师！

水本无华，相荡而成涟漪；石本无火，相击而显灵光。教师最希望看到的是孩子们不断成长，殊不知在孩子们成长的路上，我们自己也在成长。是可爱的孩子们丰富了我们的经历，丰厚了我们的人生。今后，我将会继续努力，坚守育人初心，以爱为底色，做有情怀的教师，做有温度的教师，做一名灵魂有香气的好教师！

热爱与执着——我在长中的成长之路

任 涛

任 涛

时光荏苒。2013 年，我从绵阳师范学院毕业，现在距我第一次站上三尺讲台已有十余年。我还依稀记得当初为何选择教师这一职业，因为"校园里有青春，可以让自己的心灵永葆年轻"。但走上教师岗位后，我听得最多的是："教师老得快""平均寿命短""拿着卖白菜的钱，操着卖豆腐的心"……十余年过去，这些话仍然不绝于耳，但我仍然觉得自己保留着当初那颗青春的心。在这十余年的教学生涯中，我有过获得成绩后的喜悦，也有过失落后的彷徨，在教学中我也总结出了一些自己的心得。

一、加强自身师德修养

教师职业道德是为人师者的基本，我们面对的是一群有血有肉有思想的孩子，我们的点滴都会给他们留下永恒的印记。对于我们所呈现给孩子们的东西，他们会放大两倍、三倍甚至十倍地呈现给我们。因此，在平时的教学中，我一直严格要求自己，端正自身行为，做好行为示范。作为年轻教师的我，要真正为学生的终身发展负责，不能让孩子在成长的过程中因为我而留下遗憾。

二、小学科要有大格局

在很多人眼里，地理学科就是一门无足轻重的"豆芽"学科，但作为一名地理教师，我时刻都清醒地认识到地理学科作为国家基础课程，在培养学生的核心素养方面有着至关重要的作用。作为地理教师，我要让学生在学习地理知识的同时，树立正确的人生观、价值观、世界观，为党和国家培养爱国爱党的人才。

三、成为学习型教师

首先就是教研组内的学习。教研，就是把一群专业的人集中在一起讨论专业的事。教研的形式可以是听评课、集体备课、共同研讨试题、公开课等，在教研中取长补短，多向老教师请教，让我更快地成长。这些年来，只要有机会参与各年级的听评课、公开课、赛课活动等，我都会积极参加，让自己在获得诸多教研奖励的同时，不断提升教学水平。每一次公开课赛课活动都需要精心的准备，如从课程标准的研读到教材的梳理、从素材的收集到课件教案的制作、从问题的预设到习题的准备等。这些经历让我在平时的教学中能够更得心应手，以取得更好的教学业绩。

其次，我还积极加入名师工作团队。2022年，我加入了巴中市地理名师工作室。通过更好的平台，我有了更多参与市内甚至省内教研活动的机会，极大地拓展了见识。在这期间，我还参与了《高中区域地理》

一书的编写，该书已成功出版发行，获得师生一致好评。通过交流学习，我始终站在教育的最前沿，接收最新的教育理念。

四、用心教育，精耕细作

教育是完善人的事业。"三军未动，粮草先行"，思想教育就好比三军的粮草，教师要想教好自己的学科知识，首先要教会学生学会做人、学会求知，在平时的教学活动中进行潜移默化的教育。我们学校地处农村，大部分学生是留守学生，他们更需要我们的关心和爱护，我们要尽最大可能减少孩子们的心理问题，让孩子们在学习中获得幸福感。

作为教师，我们对孩子说的每一句话都可能影响孩子的一生。有一次我进教室后，发现有个女生在流眼泪，我上前询问，她只是摇头说没事儿。下课后，我找到她要好的同学询问，得知原来是上课之前，我在办公室的一句玩笑话打击了她。当时她因在数学学习中出现了问题，在办公室和数学老师交流。她说自己的理想是：成为一名英语同声翻译。我本来是和她开玩笑："童声？过了 12 岁就不是儿童了。"就是我的这句玩笑话，却打击了她，她认为我在嘲笑她的理想。事后，我真诚地向她道了歉，并鼓励她坚持自己的理想，最终该同学成功考上了重点大学的英语专业，并继续去实现她的理想。

五、脚踏实地，持之以恒

教育就如同一场马拉松，从孩子入校到毕业，教师都不能松懈。教育始终遵循着从量变到质变的规律。我们总是要求孩子在学习中要脚踏实地、持之以恒，其实我们教师何尝不是如此？有一名学生在学习地理的过程中遇到了很大的困难，他在高一、高二时，地理成绩很难及格。但我一直在鼓励他，并一直为他提供帮助。进入高三之后，基于他自己的要求，我每周抽出三天的晚自习时间为他辅导，直到高考前夕，从未间断。在我们的共同坚持和努力下，他高考时出人意料地考了78分的高分，也成功进入了理想的大学，如今已经研究生毕业。

　　十余年已逝，初心不改。今天我仍旧怀着当初那份执着和激情坚守在教育的岗位上，并坚信我必将和我的孩子们一起进步、共获成功。

守十年初心　护桃李芬芳

罗　鹏

罗　鹏

十年很长，寒来暑往，步履不停；十年很短，恍如昨日，初心犹在。我于 2014 年进入长赤中学任高一七班和高一八班的语文教师，由此正式开始了我的教师生涯。教师是一份充满责任、挑战和收获的职业，从新手教师到经验丰富的教师，需要经历漫长的成长之路。在这十年的教师生涯中，我积累了些许经验，收获了许多感悟。

一、初为人师，怀揣敬畏之心

站在讲台这方略显狭小实则广阔的方寸之地，作为教育新手，我心中满是担心。哪怕每天备课到很晚，我依然担心上不好课，管不好学生。何故如此？这是我对教育的敬畏，敬畏教育教学的每一个细节，更以感恩之心如履薄冰地爱岗敬业。

因为敬畏，所以热爱。在经历了教育新手的初成长时期，以及在学校对新老师的关心和帮助下，我讲课时也不再那么紧张，我开始有信心站上讲台。同时，我坚持在课余时间学习优秀语文教学视频，如学习成都七中的直播教学视频、新东方高考语文专家关于高考语文复习的视频、哔哩哔哩网站的语文教学视频。在学习优秀语文教学视频的同时，我逐步养成了总结、反思、记笔记的习惯。我已经整理了三个笔记本的知识，包括文言文实词积累、诗歌鉴赏、语言运用等方面的总结，这些笔记为我提高语文教学质量奠定了坚实的基础。

一名教师只要心怀对教育事业的敬畏之心，潜心研究，虚心请教，就会在教书育人的过程中开花结果。所谓"十年磨一剑"，指的就是在平凡的教学路上不断汲取智慧、借鉴经验、获得成长，从而在教学的第一个十年完成从"量变"到"质变"的全面提升。

二、用心陪伴，照亮学生未来

周国平说过：德育是鼓励崇高的精神追求，而不是灌输规范。所以我认为班主任最重要的工作应是参与学生精神世界的构筑，陪伴学生的精神成长。

班主任是班集体的领导者，在学生全面、健康的成长过程中起着导师的作用。我有幸在2017年7月成为高三十七班的班主任。刚当上班主任时，我感觉有点力不从心。但经过一个月的磨练与认真学习，我积极落实学校"见面就是管理，陪伴就是教育，坚持就是文化"的管理理念，从"细、实、严、和、静"班级管理五字方针入手，凭借着年轻精力充沛的优势和踏实肯干的态度，充分认识到新时代赋予班主任角色的新内涵，不断更新教育观念，努力充当好学生思想的引领者，保证学生在认真学习的同时，做到思想健康、向上向善。

"陪伴"一词或许最能诠释我对班主任的理解。陪伴学生晨读、跑步、打球、郊游，学生的日常就是我的每一天；陪伴学生过节，感受家的温暖；陪伴学生一起参加学校组织的劳动综合实践活动，让学生感受生活的不易；考试过后与学生一起在走廊里交流分析，让学生感受成长的不易；春季时陪伴学生一起春游和聚餐，让学生感受学习外的快乐；陪伴学生经历盛夏六月，或许会汗流浃背，但也必然硕果累累。常言说："陪伴是最长情的告白。"我希望用无声的告白，为学生的发展创造更好的条件，照亮学生的美好未来，为学生的成长做出积极的贡献。

三、坚守初心，助力学生成才

十年耕耘，酿造了人间笑容；十年付出，收获了童真灿烂。作为一名教师，我的根本任务是教书育人，使命是为党育人、为国育才。

教育是一种坚守，在这十年间我有两次机会走出教育岗位：一次是去县委当秘书，一次是去政法委工作。由于对农村教育的热爱和放不下心中一直努力践行的"教好一名学生，改变一个家庭"的教育理念，我仍然选择坚守在教育岗位。小时候家里很穷，我的成绩也不好，高考时我复读了两次。因为老师们的不放弃，因为我相信知识能够改变命运，我才有机会考上好的大学，所以我希望能够通过自己的努力去改变更多的孩子，让他们有机会到更好的大学去深造，为国家发展贡献更多的力量。在这十年间，我一直默默耕耘，潜心教书育人，也培养出很多优秀的学子。在这十年间，我也在不断成长，但教书育人的初心一直没有改变。对学生，我依然如父亲一样关爱他们，用严与爱包裹着他们；对同事，我像当初师傅对我那样，毫无保留地分享教育经验。我将继续怀揣进取心，以归零的心态虚心学习，继续在平凡的工作岗位中创造新的辉煌。

四、结语

感谢过去的十年里各位老师的陪伴与帮助。青春正当时，心怀教育梦想，未来诚可期。十年恍如一日，让你我共同伫看下一个十年，长赤中学的明天必然乘风破浪，灿烂辉煌。

翱翔在历史的天空里

杨　燕

杨　燕

回首 15 年的历史教育之路，我发现自己始终坚守着一份特殊的情怀。《辞海》中解释："情怀是一种高尚的心境、情趣和胸怀。"情怀以人的情感为基础与所发生的情绪相对应。我把我的这份情怀理解为以下三个方面：一是热爱教育、热爱学生的教育情怀；二是热爱自己的专业并努力提升的专业情怀；三是在"学习和探究历史中具有价值关怀、人文情怀并关注现实的问题，以服务于国家强盛、民族自强和人类社会进步为使命"的家国情怀。

"情怀"一词是多么触动人心，它散发着灵魂的香味。我选择做一名人民教师，是因为我的启蒙老师对我的影响十分深刻。她是我父亲的老师，我们那一届学生是她的关门弟子。她从 16 岁开始当代课老师，一直持续到 60 多岁，她一生中原本有很多次可以进城、转正的机会，也可以在她教我们的 10 年前就退休，但是她说："我走了，你们这些娃娃怎么办？你们是祖国的花朵，是祖国的未来，是祖国未来的脊梁！知识改变命运，不仅会改变你们自身的命运，也会改变国家的命运！我出生于 1932 年，切身体会过落后就要挨打的道理，所以我希望自己在有生之年能多教一些娃娃，多教你们一些知识，让你们成为社会主义建设的优秀接班人！"她在任教期间，时常"化身"，一会儿是严厉的师长，一会儿是和蔼可亲的奶奶，一会儿是知心大姐姐，一会儿是我们游戏中的伙伴，一会儿又是带病上课的老病号。最后，她倒在了讲台上。

她的言行让我对"老师"这个职业心生敬意，让我有一种"我长大之后也想变成你"的冲动。后来我选择了师范专业，成为一名历史教师。我把我的青春献给教育；用我的智慧去点燃学生的智慧；呵护生命，尊重学生的个性，对学生不离不弃，静待花开或长成大树；用心去享受教育，让平淡的教学变成"生动的充满温情的律动"。我立志做一名有教育情怀的、富含同情心的、具有温情的历史教师。

新时代，在教育"双新"改革的背景下，教师具有专业情怀和家国情怀显得十分重要与必要。为此，我积极关注国家顶层设计，认真学习初高中《历史新课程标准》和《中国高考评价体系说明》，明确新时代的需要与国家政策，深入学习并努力践行新课程教育教学改革，以适应新课程、新高考改革的要求。具体来讲，我主要通过以下几点不断提升自己：

一、认真读书

历史老师应该超越有限的教学参考资料，大量阅读教育理论、历史专业、文史常识三方面的书刊。我推荐阅读网上整理和推荐的优秀书目，譬如《教育新理念》和《教师专业化的理论与实践》《教学理论：

课堂教学的原理、策略与研究》等教育学书籍，《中史参》《历史教学》《教育文摘周报》和《中国教师报》等报刊，以及陈旭麓的《近代中国社会的新陈代谢》、蒋廷黼的《中国近代史》、张荫麟的《中国史纲》、樊树志的《国史概要》、柏杨的《中国人史纲》、马振铎等著的《儒家文明》、张岂之的《中国历史十五讲》、袁行霈等主编的《中华文明史》、罗荣渠的《现代化新论》、斯塔夫里阿诺斯的《全球通史》、马克垚的《世界文明史》、佩雷菲特的《停滞的帝国》、唐德刚的《晚清七十年》、张研的《清史十五讲》等历史著作，以更好地指导自己的言行和教学实践，夯实历史教师的专业能力。

二、利用各种线上和线下方式学习

在信息化时代，历史老师可以经常上网浏览"中国历史课程网""中学历史教学园地"等网站上最新的、有价值的教育教学文章；积极利用培训、听课和点评的机会，努力向专家、名师、同行学习，以不断更新自己的教学理念；及时做好读书笔记，不断与时俱进，用先进的教育理念引领自己；养成及时反思和勤于积累的习惯，并积极结合自己的教育教学，撰写出教育理论文章，使自己的教学方式、教学方法和教学手段更好地适应教学实际。

三、收集史料

首先，我们可以整合不同版本的教材资源，精选相关的文字、图片及视频，并将其归类整理以建立资料库。其次，我们可以借助自己的藏书、网络等进行史料收集。最后，我们可以在乡土历史和时政新闻上下功夫。

其实，早在 2016 年版的新课程改革中，"家国情怀"作为一种核心素养就已开始被纳入新课标之中，这足以说明其重要性。新课程改革中对家国情怀的内涵阐释是："学习和探究历史应具有的人文追求，体现对国家富强、人民幸福的情感，以及对国家高度的认同感、归属感、责任感和使命感。"这要求历史教师在教育教学工作中要充满人文情怀并关注现实问题，以服务于国家强盛、民族自强和人类社会进步为使命。因此我们要努力提高自身素养，增强自己的家国情怀，深挖历史素材，创设情境，培养学生的民族自豪感，让学生们成为合格的、有"家国情怀"的有志青年。

在多年的教学过程中，我一直在追问自己：怎样才能成为一名优秀的中学历史老师？判定一名历史老师是否优秀的标准是什么？方法似乎有很多，但是热爱祖国、热爱教育、热爱学生、热爱自己的专业，做一个抬头仰望星空、低头脚踏实地，有思想、有内涵、有情怀的老师，应该是评判优秀老师的基本前提。

点亮心灯

柏明星

柏明星

时光如梭，我已经在长赤中学工作 11 年了。作为一名化学教师，我希望通过化学教学让学生领悟到，在追求科学的道路上不会一帆风顺，学习需要排难除险，人生的成长需要拼搏向前。课堂教学作为"教"与"学"相统一的教育实践活动，是师生共享人类优秀文化而获得生命成长的一种动态创生的活动，这是课堂教学的本质意义。化学知识虽不像人文知识那么直接地感化人，但它蕴含着科学的情怀、科学的道理、推动社会进步的科学哲理。

叶圣陶先生指出想要孩子长大后有更强的生活能力和学习能力，就需要从小帮助孩子养成好的习惯。我在课堂教学中发现学生注意力不集中时会提醒，发现学生学习方法不正确时会进行指导，这些看似微不足道的事切不可忽略，它们关乎学生的学习习惯和行为准则。

学习习惯的养成必将影响学生良好生活品行和个人品德的塑造。学生良好品德的形成需要教师持之以恒地引导。教师要以社会主义核心价值观引导学生，立好规矩，教会学生学会协作、学会助人、学会谦让；教会学生学会看到别人的好品德、好言行，更要能看到自己的不足；使学生善于理解人、宽容人，更要学会自省、自律、自我完善，从而做到有大爱、大德、大情怀。

高中化学学习的兴趣在于培养。化学实验中，我会让学生亲手切开金属钠，再将一小块钠放入水中，然后滴入酚酞。每一步的变化与奇妙的现象，都能吸引学生的注意力，激发学生的学习兴趣。但这样的兴趣对部分学生来说是短暂的，他们有的只是感到好奇，因此我会抓住机会及时让学生理解微观变化，掌握化学变化的真谛，让学生真正理解知识、掌握知识。同时，我会持续引导学生掌握科学的看书方法、听课方法、记笔记方法、思考与理解的方法、记忆的方法、练习与修正的方法。只有掌握正确的学习方法，学习的兴趣才会随着知识的增长而提高；反之，则会随着成绩的退步而下降。

化学学科核心素养强调"科学精神和社会责任"，以及培养学生良好的"情感、态度和价值观"。教育家陶行知认定教育源于生活，主张教育要依靠生活，并改造生活。他认定社会本身就是一所大学校，主张教育要依靠社会的力量，顺应经济社会的需要。因此我在讲授《化学·必修1》课本中的"实验基本方法"的内容之前，会先让学生查阅相关污水处理厂及其化学分析室的资料，并让小组撰写报告；在课堂教学中针对过滤、蒸发、萃取和分液等实验操作原理对比污水处理的生产过程；课后又布置学生回家体验一次淘米做饭的过程。我在讲授"应用广泛的金属材料""硫和氮的氧化物"时，会让学生进行社会调查，真正让学生体会化学知识学习与生产、生活的必然联系，并很好地让学生从生活中体验化学学习的方法，明确化学学习的社会价值与责任。化学知

春华秋实

识与生产生活具有广泛的联系，借助这些素材我们要让学生明白学习即是生活，且更依靠生活；反过来，学习的知识又能指导和创造美好的生活。我们要把化学课程本身蕴含的育人价值传递给学生，要把发现、感悟、思考、实践和创造的机会巧妙地设计出来并提供给学生，要制订科学合理的教学计划和实施策略，全面贯彻育人目标。

作为教师，我奉行"用真情教书，用真心育人"，要用真情打动学生，用诚心感化学生，用心灵聆听学生，用汗水浇灌学生。"真教育是心心相印的活动，唯独从心里发出来的，才能打动心的深处。"教师在面对学生的不理解时要多做解释，要做好学生的思想工作，做学生的良师益友。随着年龄的增长，学生对教师的评价也会更真实客观。当学生理解你后，他们会真心地感激和爱戴你，会把你的每一句话都当成至理名言。我们要将一份至真至爱无私地呈现给学生，用化学学科蕴含的真善美的光辉照亮学生的成长之路。

精心编织职业花环

聂俊莲

聂俊莲

或许是因为每个人在孩童时期模仿他人时，总会把自己的老师作为一个很好的对象，所以我从记事开始，便对教师这个行业有着憧憬。那时我在农村小学上学，学业压力不大，很容易就能得到老师的"青睐"，特别是老师让我帮着批阅同学作业时，那一个个"√""×"便极大地勾起了我对这个行业的好奇心。那时，从教的理想便在我心里生根发芽。高中毕业填报志愿时，我毫不犹豫地选择了师范院校，也许是班主任的强大气场，也许是冥冥之中有一股力量在牵引着我，最后我读了思想政治教育专业。大学生活平淡而真实，虽然我也曾迷茫过，但参加了很多活动，也顺利完成了学业。

2008 年 8 月，当我第一次沿着绵延不绝的山路来到灰尘满天的长赤时，内心是拒绝的。谁曾想，这一晃就是十余年。这些年里，我一边学着自我成长，一边学着用师者、长者的身份帮助学生们解决学习上和生活上的难题。不知不觉中，我已经深深地爱上这个职业，爱上这片土地。

由于思想政治课的学科特性，十余年里，我一方面不断提高自己的政治业务素养，用党的先进理论指引前行的方向；另一方面结合新课程改革要求，不断地刻苦钻研业务，认真研究教材和教学方法，让党和国家的理论方针融入课堂。备课时，我努力钻研教材，了解学生特点，精心选取教学题材，巧妙设计环节，结合课堂实际，利用现代教育技术，向40分钟课堂要质量。课堂上，我给学生畅所欲言的时间和空间，让学生做课堂的主人。我坚信每个学生都是独一无二的个体。我关注每个学生的个性特点，为学生提供有针对性的指导和帮助；通过观察学生的行为和兴趣爱好，了解每个学生的优势和不足，然后给予适当的建议和指导；不仅关注学生的学习成绩，而且关注学生的心理健康和生活状况，努力成为学生的良师益友。

学到老活到老，教研活动是教师成长的重要载体。我积极参加各种教学观摩课和报告会，不断充实自己；借鉴优秀的教学方法，提高自己的教学能力和业务水平；积极参加各级各类的公开课教学，不断提高教学技能，所执教的示范课受到了同行和领导的高度赞评。我先后发表《时事政治下的高中政治教学应用》《高中政治教学中如何激发学生的兴趣》等论文，参加"一师一优课，一课一名师"活动的课例"作出最佳选择""就业维权之道"等获市级一、二等奖；在做好自己的本职工作之余，作为学科备课组长，积极组织本校学科教师，认真开展集体备课、公开课、展示课及课后评课的工作，促进教师教学能力的不断提高；在学校"师徒结对"活动中，积极为新教师解惑答疑，先后辅导的年轻教师在市、县级赛课活动中获奖。近年来，无论是在教学方面还是在教研方面，我都赢得了学生、家长和社会的普遍赞誉，并多次受到学校和县级主管部门的表彰。

对于人生，有的人希望轰轰烈烈，有的人安于平凡。我想，平凡的人生自有平凡的好处。十余年的教育生涯中，我始终坚守着一腔热忱和一腔热爱，我眷恋山区这片土地，我更眷恋山区的孩子，我庆幸自己选择了教书育人这一太阳底下最光辉的事业，我将无怨无悔地耕耘在这片贫瘠的土地上，年复一年地编织理想的花环。

我和学生共成长

杨　淼

杨　淼

年华似水，岁月如梭。蓦然回首，我已在教育这个行业里耕耘了十三个春秋。

"认认真真做事，踏踏实实做人"是我一直秉承的理念。我曾多次对我的学生说"认真能把事情做对，用心才能把事情做好"，今天在这里与大家共勉。

多年以前，我曾经读过臧克家先生写的一段话："一个和孩子常年在一起的人，他的心灵永远活泼得像清泉；一个热情培育幼苗的人，他会欣赏到它生长的烽烟；一个忘我工作的人，他的形象在别人的记忆中永远鲜活；一个用心温暖别人的人，他自己的心也必然感到温暖。"臧克家先生的这段话正是我从教心声的写照。2011年我从内江师范学院毕业，走上"太阳底下最光辉的职业"道路，成为一名光荣的人民教师，开始体会到那诗句的甘甜。冬去春来，花谢花开，转眼间我已踏上讲台十三载。在已流逝却永远难忘的岁月中，我经历了喜怒哀乐，也品味出其中的酸甜苦辣。我无怨无悔，也乐在其中。我深深地感受到：学校是我的舞台，学生是我的最爱。

一、用激情点亮学生心灵

教师是人类灵魂的工程师，是学生人生观、世界观的塑造者。如果一名教师在教学中没有激情、没有信心，缺乏远见卓识，不敢向困难挑战，思想品德庸俗，为人处事欠佳，那他所带领的学生也定然会由于人格的缺陷而不能在知识的海洋中遨游，不能体现其存在的价值。如果说一个好学生是一朵含笑的鲜花，那么后进生则是含苞欲放的花朵。一名教师不应该仅仅欣赏盛开的鲜花，还要多用激情去滋养那待放的花朵，改变学生的人生。

我曾教过一名"双差生"，他叫小豪。同学们害怕他，躲着他；老师讨厌他，嫌弃他，但又对他无可奈何。大家都认为他"思想品德恶劣，不可救药"。我了解到一些基本情况后，便关注起小豪来。第一，我为他创设了一个良好的班级氛围，使他得到班上每个同学的尊重和认可。第二，我与他的家长、任课老师沟通，观察小豪的点滴进步并及时给予其表扬，鼓励他参与每一个活动，并让同学们以宽容的心态来对待小豪缓慢的进步。第三，我采取了多种方法，帮助小豪改变了认知观念。终于，他明白以下道理：要得到别人的尊重，首先要尊重别人；冲动、恶劣的行为不仅是自己没有素质的表现，而且会让同学们更瞧不起自己；若把这种劲头放在学习上，自己的学习成绩会逐渐提高，从而真正得到同学们的尊重；要实现自身的价值，就必须提高自身的素质；若把这种劲头拿来参加各种比赛、改正缺点，才是真正的"有脾气"，才能体现自身的价值。第四，我与小豪一起制订学习计划，从一学年的大目标到一星期的小目标。我每天对照行为，对其进行评议、表扬、奖励。最终，小豪在不断进步中、在各种比赛活动中，获得了自我实现的成功体验，并且在 2022 年的高考中成功地考上了一所本科学校。

二、用宽容鼓励学生上进

教师必须把自己的爱心倾洒在学生的身上，为学生服务。同时，教师要公平、公正、合理地去爱护自己身边的每一位学生，要毫不吝啬地表扬他们在人生道路上所取得的哪怕是微乎其微的进步和成绩。如果学生在教师的言行中体会到了真诚的关爱，他们会以自己的最大努力来珍爱自己、回报老师。尤其是对于差生，教师应该给予他们更多的关心和帮助。当然，我们对学生的宽容绝不可能是一种溺爱或偏袒，这种宽容也表现为对学生的严格要求，表现为让他们去经受各种困难的磨练，指引他们在人生的风浪中奋力拼搏。转化后进生的工作十分艰苦细致，能成功转化一个后进生是我们做教师的最大幸福。

有人说教育的最高境界是感动。我能感动我的学生吗？他们能因此接受我的教育理念吗？我曾经带过这样一个班，一开始，班风比较纯朴，同学们也比较热情，我的心情一直都很愉快。可是好心情没维持多久，烦恼的事儿接踵而至。我发现班上有几个学生在英语课堂上特别贪玩，他们常常不能按时提交作业；即使是"抄"来的作业，也是"惨不忍睹"。最让我头痛的是领头的小王，他不仅特别懒，而且十分滑头。我反复考虑，决定暂时不对他采取"大动作"，先来个"冷处理"。通过一段时间的观察，我发现小王一直静静地等着我来"收拾"他，但我却偏偏不表现出任何的愤怒和厌烦；相反，在平时的接触中，我总是宽容他。虽然他每天的作业任务仍是"原地踏步"，但我却格外认真地批改，指出他的错误，并在作业本上作出书面批注。每次批改完作业后，我让英语课代表把他的作业单独交给他，并告诉他需要补充的内容。我就这么一直"冷"着他。看得出来，他从一开始的纳闷到后来的侥幸，再到后来便出现一丝丝失落的情绪了，情感上有向老师靠拢的迹象了。开学一个月后，学校举办秋季运动会。小王是班上的体育健将，他在这次运动会上报的三个项目都拿了冠军，为班级争了光。利用这件事，我在班会课上好好地表扬了他一次，他的自信心、自尊心、上进心都上来了，而且看得出来，他很信任、很尊敬我。我觉得时机成熟了，可以找他谈谈了。于是第二天放学后，我让他帮我把教本送到办公室，他欣然答应了。经过几次谈话，小王的坏毛病变少了，再也不像以前那样心不在焉地半躺在桌子上，而是正经端坐、聚精会神地听讲。每次看到他眼中渴求知识的目光，我都感动不已。

宽容学生是教育的艺术，是爱的体现，是教育的需要，是一种巨大的教育力量，也是取得良好教育效果的重要手段。古代教育家孔子曰："君子学道则爱人。"现代教育家陶行知以"爱满天下"为座右铭。因此，新时代的教师不仅要对学生宽容，还必须学会善于宽容。

三、用执着让学生佩服

教师要让学生努力学习，只靠枯燥的说教是远远不够的。教师只有在自己的一言一行中严格要求自己，认真工作，才能给学生做表率，成为学生的模范；才能让学生从教师的言行中耳濡目染，让他们尊重教师、欣赏教师，对教师的教育心悦诚服。

我曾连续六年承担着三个高中班的英语课，其中的后四年还担任一个班的班主任。超额的工作量，并没有让我感到沮丧，相反，和同学们一起遨游在知识海洋的快乐，常常使我忘却一身的疲惫。没有资料，我就上网寻找；同学们不满足于课本知识，我就自己选择课外材料进行研究，反复琢磨，找准训练的侧重点。考试后，我会疏导考差了的学生，和他们产生思维的共振、情感的共鸣。《礼记》中有这样一句话："善歌者，使人继其声；善教者，使人继其志。"我用自己的行动感染着我的学生。

四、用责任促进学生发展

"教书育人是世间一部很大、很沉的词典，责任和爱心是这本词典最重要的一部分。"我视责任如泰山，甘心做照亮他人的蜡烛。我觉得为了学生的发展，自己所做的任何事都是义不容辞的责任和义务。受过高等教育的我，认为自己教好高中英语应该不成问题，可在实际工作中却发现自己的教学方法与先进的理念还存在着很大的差距，尤其是担任班主任后，更觉责任重大，好在身边有众多的榜样。我一边虚心求教，一边自己下功夫。为了带好班级、教好学生，我总是用心去研究，用心去寻找，用心去发现，用心去实践。课余时间我阅读了教育家魏书生、李镇西的优秀书籍，我明白了应当给予学生的是唤醒、引导和激励，我明白了要让学生有责任、有担当，要有为中华之崛起而读书的魄力。

最后，十三载讲台，昔日桃李尽成"骄子"畅游着大千世界，而我却愿坚守着三尺讲台，用自己毕生的心血去灌溉祖国未来的花朵。促使学生破茧而出是我的心愿，不断进取是我的承诺，为教育服务是我的目标。点点滴滴的成绩与进步，源于信念的力量。是领导、老师、亲人、朋友像一块块砖石铺砌成一级又一级的台阶，让我迈进这个"美丽新世界"。我将更加努力习文、躬行、诚信、尽忠、爱岗敬业。

学生的喜爱是老师的幸福

张国伟

张国伟

作为一名教师，我深知教育事业的重要性，同时也明白，在这个行业中，我们不仅仅是传授知识的人，更扮演着引导学生健康成长、启迪智慧的角色。而在这个过程中，我也越来越深刻地认识到，受学生喜爱的老师才是真正的好老师。

心理学上有个词叫"皮格马利翁效应"。皮格马利翁效应是指人们对某样东西或某个人的期望会影响到他们的表现和结果。在这个情况下，学生喜欢某个老师，就会对这个老师产生更高的期望，从而在这个老师所教的科目中取得更好的成绩。这种效应会促使学生更加愿意投入和参与他们喜欢的老师所教的学科或安排的任务，从而在这个老师所教的科目中表现出更好的理解力。那么怎样才能成为一名受学生喜爱的老师呢？

一个好老师必须拥有扎实的专业知识。专业知识是教育工作的基础，没有扎实的专业知识，就难以胜任教学工作。同时，一个好老师还需要不断更新自己的知识储备，跟上学科发展的步伐，以满足学生不断增长的学习需求。然而，专业知识的扎实程度并非是衡量一个老师的唯一标准，好老师还需要具备其他更为重要的品质。

一个好老师应该是热爱学生、关心学生的。每个学生都是一个独特的个体，他们有着各自的特点和问题。一个好老师应该关注每个学生的内心世界，理解他们的情感和需求，以关爱和耐心引导他们成长。只有真正爱学生、关心学生的老师，才能赢得学生的尊重和喜爱。

一个好老师应该是具备良好沟通能力的。他们需要与学生、家长、同事等多方进行有效的沟通。良好的沟通能力能够帮助老师更好地理解学生的需求，也能够让家长了解学生在学校的学习情况。此外，良好的沟通能力还能够让老师与同事进行更为有效的合作，共同促进学生的发展。

一个好老师应该是善于启发学生思考的。教育的目的不仅是传授知识，更是启迪学生思维、引导学生成长。一个好老师应该具备启发学生思考、激发学生的求知欲和创新精神的能力。他们应该善于引导学生发现问题、分析问题、解决问题，让学生在思考的过程中获得成长和进步。

一个好老师应该是乐观向上的。教师需要面对的是一群充满活力和朝气的孩子，因此，老师的情绪和态度会直接影响学生的学习状态。一个乐观向上的老师能够传递积极的能量，激发学生的学习兴趣和热情。同时，他们还应该具备面对挫折的勇气和解决问题的能力，以应对教育工作中可能遇到的困难和挑战。

在教育工作中，我还经常思考如何让学生更喜欢我、更信任我。我认为，这需要我在教学工作中更加注重学生的需求和感受，尊重他们的个性和兴趣爱好。同时，我也需要不断提升自己的教学能力和个人魅力，让自己成为学生心目中的榜样和引领者。

　　总之，受学生喜爱的老师才是真正的好老师。这不仅需要我们具备扎实的专业知识，热爱学生、关心学生，还需要我们具备良好的沟通能力和乐观向上的精神状态。同时，我们还应该注重学生的需求和感受，尊重他们的个性和兴趣爱好，不断提升自己的教学能力和个人魅力。只有这样，我们才能够成为学生心目中的好老师，为他们的成长和发展贡献自己的力量。

一场爱的坚持

薛丽华

薛丽华

岁月不居，时节如流。倏忽间，今年已是我踏上三尺讲台的第 20 个年头了，自己也由当初青涩懵懂的年轻教师成长为如今的高级教师。回顾一路走过的脚印，无论是深是浅，无论是大是小，都有值得回忆的点滴，而串起这些点滴记忆的便是爱。

在人生的辞典里，"爱"这一字最为广博而深奥，它存在于每一个人的生活中，它是那么单纯与具体，它包含了太多的温馨与美好的回忆。这其中有一种爱，它不似母爱的伟大，却有母爱的宽容；不似友爱的温暖，却有友爱的温馨。这便是教师之爱，它来得更轻、更柔、更让人难以忘怀。作为一名教师，我觉得爱是打开学生心扉的钥匙。以爱之名，与学生相互理解，是教学成功的开始。

还记得初踏讲台时，面对着众多个子如我般大小的学生，我内心惶恐了：我该如何与他们相处？该如何给他们传授知识？该如何……在我迷茫时，我想起了泰戈尔曾说过："爱是理解的别名。"对，我就用爱和理解架起与学生相处的桥梁。

　　于是，课堂上授课的同时，我随时关注每一位学生的学习状态，做到有教无类。课后，我以姐姐或朋友的身份与他们谈天说地，了解他们的学习状态、生活情况等。变天了，提醒他们；感冒了，关心他们；迷茫了，指引他们；考砸了，鼓励他们……光阴荏苒，我们亦师亦友，共赴成长之路。

　　我曾有一名学生，她是一个性格有些内向的女生，一直以来都安安静静地学习，课堂上从来都很认真、专注。但从某一天开始，她在课堂上不是打瞌睡，就是心不在焉，鲜有认真的时候。作为她的老师，我是看在眼里，急在心里。于是，在一个合适的时机，作为老师的我与作为学生的她来了一场推心置腹的谈话。面对我的真心，她也拿出自己的真心，道出了她的遭遇和内心的想法。最后，作为老师，也可以说是作为朋友的我，对她说出了我的期许："希望你的学识也如你的长相一样优秀。"之后的她继续在学习路上保持认真、专注。可惜的是，高二结束后，她去了离家更近的学校；可喜的是，她没有忘记我这个老师和朋友。在我步入婚姻时，她还特意来学校送上了她的祝福。这一刻，我体会到了什么是幸福，什么是爱的双向奔赴。

　　所以，之后我面对每一届的学生，与他们交流的第一句话必是"愿我们相互理解，用爱架起沟通的桥梁"。在爱的呵护下，我送走了一批又一批优秀的学子，交了一个又一个朋友，在记忆中储存了一个又一个鲜活的爱的故事。自己病了，会有学生的关怀问候；站累了，会有学生让出的板凳；高兴时，会有学生分享的喜悦；需要时，会有学生给我讲出从未透露的秘密……一切的一切都历历在目。

20年的教育经历让我发现，教育是爱的艺术，是温柔的征服。我们正是以无微不至的爱心，用牵着蜗牛散步的耐心，用促进每一个学生成长的责任心，在学生的心灵深处耕耘。因此，我把教育称为一场爱的坚持。爱是一种智慧，爱是一种力量，我们应该把爱的元素尽可能多地加入教育中。其实在学生们或逞强或顽皮或倔强的外表下，包裹着的是一颗或脆弱或乖巧或温顺的心。老师越强硬，他包裹得越结实。当我们用爱温柔地感化时，它厚重的外壳会一层一层地褪去，让你看到那颗晶莹剔透的内心。

教育是爱的事业，每一个学生都是一本精彩的书，我将继续用爱慢慢地去阅读、去了解，将一场爱的坚持进行到底！

做一位有"心"的班主任

吴 杰

吴 杰

时间过得真快，不知不觉中已在教师工作岗位上待了十年。在这期间，我在教学的同时还担任了六年班主任工作，班主任工作刚开始对于我而言，是个巨大的挑战。

记得刚开始做班主任工作时，我对于如何做好班主任工作没有很系统的认识，是学校里很多有经验的老师尤其是优秀班主任给了我很多的指导，使我比较快地适应了班主任工作。平时我也主动地查阅这方面的知识，吸取经验。通过这六年的实际带班情况，对于班主任工作我也有了自己的一些想法与做法。在工作中我比较注重以下两个方面：

一、树立良好的班风学风

在高一开学初期，我对学生提出在高中学习的要求，把一学期的班会主题列出清单，有序引导学生，使学生能有比较好的学习习惯与生活习惯。在常规管理中，我坚持见面就是管理，陪伴就是教育，做到高标准、严要求。我每天通过认真观察，及时发现班上的好人好事，并及时给予表扬。遇到问题时，我尽量进行客观分析并及时处理，使学生认识到自己的不足。在这个过程中，我比较重视以身作则，为学生树立榜样。

二、对学生有"三心"

在刚工作时，一位曾连续多年被评为"优秀班主任"的领导说过，对学生要有"三心"，即关心、耐心、爱心。这句话一直让我记忆深刻，我也将之用于我的工作之中。

（1）关心学生。对学生的关心，不仅指要关心他的学习，也指要关心他的思想和生活情况。平时我也常常通过和学生聊天的方式了解他们在学习中和生活中的问题，以及班级中一些同学的优点，在他们学习中有困难时主动找他们询问，给予他们帮助，使学生能感觉到老师很在意自己、关心自己。在课余时，我积极支持学生参加各项有益活动，并在有条件时和他们一起参加，如球类比赛、运动会、文艺演出的排练等。这样既能拉近师生间的距离，也能使学生感到老师并不是只重视学习成绩，而是重视他们多方面的发展，还能让一些学习成绩不太理想的学生能在别的方面发挥自己的优势，以增强他们的自信心，在集体活动中树立学生们的集体主义精神，增强班级的凝聚力。

（2）在班主任工作中有耐心。班主任的工作是比较琐碎的，班主任不仅要做好教学工作，还要时刻注意班上同学的方方面面。班主任在工作中几乎天天都有事情要解决，这也就要求我对待学生和问题时一定要有耐心。刚毕业时，由于我没有太多的经验，所以遇到问题和困难时总想立即解决，所以处理时不免有些急躁。但是实际情况让我感到，那样并不能达到很好的效果，所以在后面的工作中我也改变了一些工作方法。

例如，我们班的学风建设一直抓得比较紧，绝大多数的同学也比较自觉，但是仍有少部分的学生不能严格要求自己，其自觉性不够。对于这些同学，我通常先问清楚原因，对他们进行思想教育，从老师、同学、班级荣誉几个方面来分析情况，指出他们存在的不足之处。不过，和这些同学仅谈一次话并不能奏效，因此我就多次与他们谈话，直到情况有好转。必要的时候，我在不伤害学生的自尊心的前提下，采取在全班批评教育的方式，让学生们进行"舆论"监督，达到"双管齐下"的目的。有时，一些学生犯了较大的错误，我也会很生气，但是我告诉自己要冷静，要心平气和地对待学生并解决问题。

（3）对待学生有爱心。我认为在教育工作中，对学生有爱心是做好教育工作的重要基础。作为一名老师，我都希望得到别人的关心、爱护和肯定，更何况是十六七岁的学生。他们在这个敏感的年龄阶段，也一定会很重视别人对他们的评价，所以我在工作中会尽可能多和他们接近，了解他们的真实想法，不断发现他们的优点，以鼓励他们为主。在平时和学生的相处中，由于我和他们的年龄相差不大，所以很多时候我都会站在他们的角度去思考问题，采取民主、平等的方式给学生一定的自由，使他们在比较和谐的环境中能有更好的心情去学习。在这样的环境中，我的学生也更愿意和我交流，会从心底感受到老师对他们的爱护。于我而言，爱我的学生，不用过多的言语，只要在日常的相处中多以实际行动来关心、爱护他们即是最好的爱他们的表现。

　　在这六年的班主任工作中，我有为学生的难于管教而生气，也有为学生的成绩不理想而倍受打击。但是回顾过去，我也得到了很多，学生对我的信任和爱是我最大的收获。对于班主任工作，我还只是初学者，还必须不断地学习，提高自己的能力，做一个真正的优秀的班级管理者和学生的良师益友！

下篇
那些让我们仰慕的学长

热烈的青春，燃不灭的理想

陈　琳

陈　琳

【个人简介】陈琳，女，来自广元市旺苍县。2023 年通过国家专项计划进入中国人民大学统计学院。

一、序言

很高兴能和学弟学妹们在此分享我的成长故事和经验。面对未来的无限可能性，我们在感到兴奋的同时也有迷茫和纠结，这是正常且无需焦虑的。我们要学会积极寻找解决方法，希望我的故事和经验能够助力你们更好地成长成才。

二、求学经历

我在北京念了五年小学，六年级时回到长赤镇九年义务教育学校就读，小学毕业后在长赤中学就读，最终在长赤中学度过了青春最美好的七年。可以说，长赤中学在我的生命中占据了很大的分量，它见证了我从一个懵懂无知的小孩成长为一个具有责任担当的青年。

春华秋实

从小到大，我一直是家长口中"别人家的孩子"，很少让老师和家人操心，生活无忧无虑。我喜欢这样平淡朴实且幸福的生活，没有闯劲和高远的理想，认为以后依然定居平静的长赤镇也是不错的。直到2019年将要上高中时，我见证了那绚丽夺目的烟花为了优秀的学长学姐绽放，镇上满是为自己或者为孩子而欣喜的人群。那时，我感受到我的心激烈地跳动着，我不禁想象到三年后自己在长赤中学操场坐看烟火且带着独属于我的一份未来的光明划破夜空的场景。那时的我一定万分激动并带着没有辜负自己努力的释然。一个人既然有站在更广阔天地的能力，为什么不继续向前走呢？山腰自有山腰的花红柳绿，但只愿站在山腰的人必将错失山顶的风景。于是我决心在高中好好学习，考上中国一流的大学，走出这个小镇、走出这些困住我的座座大山。

进入高中后，学习不可能再像初中时那样简单，解不开的数学题、不认识的高级英语单词、复杂多变的物理运动过程分析等都会阻碍我的学习甚至打消我的学习兴趣，一次次不符合我期望的成绩也常常会令我感到难过。但是我很庆幸我是一个乐观的人，在短暂的失落后我会开始寻找错误的原因并将正确答案牢记于心，这样的乐观令我在沉闷的高中学习中不仅避免让自己陷入止步不前、日日懊悔的状态，还会感染周围的同学一起努力。然而高考时我还是失利了，我清晰地记得那个夜晚的烟花和人群的热闹衬得我心中的不甘和伤心更加深刻。纠结一晚后，我毅然选择了复读，这条路不像说起来那样轻松，心中的压力和一年枯燥的重复便是无法忽视的困难。我选择这条路，是因为我清楚我的问题主要出现在语文和物理两门学科，它们是我复读时要提高的主要学科。

　　复读时，我听着上大学的同学分享的美好生活，联想到高中生活的单调，也问过自己如果选择了那个普通的大学会更开心吗？我想一定不会，甚至多年后依然会对那惨淡的语文成绩耿耿于怀。刚开始时，我曾经焦虑失眠，担心一年的努力付之东流，埋怨自己不够自律和努力。于是我每天早上都告诉自己：今天尽全力就好。事实证明，只要正确地行动起来，内心就会感到平静和充实。班主任偶尔也会组织如野炊等集体活动让我们劳逸结合，那些也是非常宝贵的记忆。到了后期，我更是放平心态向前走，将重心放在每日学习上而不是结果上，我能感受到我的进步，并且越往前感到越轻松。直到再次查询成绩时看见那个意料之外的数字，我知道我成功了。最后，我以考入中国人民大学统计学院为高中学习画了一个完美的句号。

三、个人感悟和学习方法

　　提到感悟，首先，我认为内心具有强大的力量是非常重要的。唯有如此，我们才能在面对沉重的压力和繁杂的学习时保持镇定，不受他人"内卷"以及胜败的影响，才能始终保持适合自己的节奏、坚持适合自己的方法。其次，要学会沉下心。我总结第一次高考失利的原因发现，临近高考时我开始变得浮躁，时常思考放假后我该怎么尽兴地放松和旅游。这不仅导致我在最后的重要复习阶段未曾全力以赴，还让我在高考考场上激动和紧张不已。考第一门语文时，由于题型出现了创新，我更是难以集中注意力深入分析，甚至出现难以控制的手抖。第二次高考前，班级依然出现了活跃的氛围，但是我已经学会了泰然自处，在同学兴奋时我默默翻看教材让自己静心，最终取得了令我惊喜的成绩。最后，学会从学习中找到乐趣。学习新的知识点、解出一道难题、遇见原题能够胸有成竹地写出答案……这些都是学习中令我开心的瞬间。学习看起来乏味，但如果我们将主动权掌握在自己手里，其实它也是一件快乐而且充满成就感的事。

再谈学习方法，首先，老生常谈的就是注重教材、打牢基础，这对于成绩稍差的同学尤其适用。英语太差就多背单词，数学太差就多背公式以保证得到基础分，物理太差就多看教材并将教材习题全部学会等。有多少力气就走多远的路，不要总想着沿着摇摇欲坠的梯子向上爬。其次，要学会总结和分类，将知识系统化并将其转化为自己的"东西"。比如，学习化学时在笔记本上记录每种仪器、每个实验步骤的作用和好处，学习语文时总结同类型题的答题方向等。量变引起质变，当我们积累的内容变多，我们再遇到同类型的题时便能触类旁通。学会总结还能帮助我们发现自己的弱项从而找到正确的努力方向，在学习中有针对性地提问和刷题，提高学习效率。再次，增强自我学习。我们的焦虑大部分源于理想和付出的不匹配。我曾经也想提高成绩，但是却不想努力，放假只顾玩乐，开学又怨恨自己浪费时光。高中不学会自律，对于大学来说更是灾难。利用手机，我们不仅可以玩游戏，还可以找到免费学习资料帮助自己查缺补漏。对于成绩较好的同学，这点更为重要。最后，一定要养成独立思考的习惯，不依赖答案和他人的讲解，最好给自己规定时间完成任务；一定要养成上课认真听讲和记笔记的习惯，不轻视老师的教诲，他们的经验始终值得参考；一定要养成提前预习和及时复习的习惯，巩固所学知识，不让知识流走；一定要养成虚心求教的习惯，不错过别人的好思路，同时完善自己的不足。

最后谈到考试，大家一定记得考试时首先要认真审题，抓住关键词，不被复杂题干迷惑；然后认真分析、找寻脑中可用知识点并将其运用起来，千万不要因为固定思维导致因整体思路错误而白费力气；在考场保持沉着冷静才能发挥出最好的实力，而前提必然是经过认真复习做到胸有成竹并且保持自信。

四、大学那些事

我曾无限憧憬着大学的自由美好，立志在大学时要成为外向的人。但当开学时我却格外想念四川的山水和随处可听的方言。陌生的城市和同学曾令我感到慌张，他们各有各的闪光点：有人擅长歌舞、有人得过许多竞赛大奖……我会为自己来自贫困的山区而感到自卑，会为自己只会埋头苦读而感到难过。不过仔细想来，我和他们能从茫茫世界中走到一起，说明我与他们又能有多大差距呢？我相信经过四年的学习和实践后，我也将会成为更加闪闪发光的人。写到这里时，我正在军训还未选课，但是我的室友已经开始翻阅教材进行预习，如果我无所事事，内心的愧疚便无法抑制，所以我选择为考英语四级做准备，不使自己落下。处在好大学、好同学的环境中，进步也成为一件较容易的事。大一时，不了解的事情数不胜数，信息差让人烦恼。但我想说，当你们将来面对这些时不要太过忧心，你想向前时，前方一定有路等着你。大学生活的多彩等着你们亲自探寻。

五、结语

天空湛蓝，阳光正盛，我喜欢慢慢走过池塘边的柳树，看柳枝随风起舞，锦鲤在塘中游动，水面的层层涟漪泛着光，这个场景总能轻易抚慰我的心。勇敢的人先认识世界，希望大家都能尽情享受人生唯一的青春时光，不要害怕犯错，大胆地去追寻自己的理想。不负十年寒窗，祝我们前程似锦。

心有所信，行则将至

李　芬

李　芬

【**个人简介**】李芬，女，来自四川省南江县侯家镇长梁村。于2023年通过高校招生计划进入中国政法大学国际法学院。

一、短暂而漫长的曾经

十几年弹指一挥间，我站在岸边，看着组成我整个青春的零零散散的日夜：有大放异彩、释放生命的精彩瞬间，也有每日忙来忙去、终日碌碌无为的消沉时光。

我的小学的前半段是在乡村小学度过的，那里没有宽敞明亮的教室，没有知识渊博的老师，没有丰富多彩的书本，有的只是几个年级的学生挤在一间教室里，听一个老师讲课。那时候我的学习生活真的特别简单：早上八点和姐姐、妹妹去上课，中午两点放学回家，下午帮爷爷奶奶干农活，我从未上过任何补习班。

到了小学三年级，教我们的老师到了退休的年纪，乡村小学没有老师了，我便和妹妹一起转学到长赤镇九年义务教育学校。毫无疑问，长赤镇九年义务教育学校的教学水平比乡村小学高很多。在那里，我第一次浅显地接触到英语；第一次有了除抄大字以外的家庭作业——做练习册；第一次上音乐课。即使远离了从小生活的地方，即使远离了将我带大的爷爷奶奶，即使寄宿在一个专门照顾小孩的家中，我也在这段生活中受益匪浅。

五年级时，姐姐考入了长赤中学，而我进入了仙鹤小学学习。在学校独特的教学方法的指导下，我的成绩进一步提高。终于，在 2016 年我如愿考入了长赤中学的初中部。

刚入初中的我也心怀过远大理想，但现实却给我沉重一击。我小学时引以为傲的成绩，在群英荟萃的重点班里显得平平无奇。我的信心受到打击，思想也开始滑坡，于是我开始放纵自己沉溺于小说、手机。慢慢地，我在上课时无法集中注意力，经常开小差，对于课后作业也草草了事。就这样，我的成绩滑落到班级的最后几名。这样的日子带给我的不仅有思想的松弛、身体的不适、父母的失望，还有我前途的晦暗。但是，好在我的身边还有父母、朋友和师长，父母一次又一次教诲，老师一次又一次找我谈话，朋友一次又一次劝说，终于，我在初三那年开始醒悟。我开始奋发图强，我的成绩渐渐恢复了以前的水平，并在后期有所突破，最后，我在中考中也取得了不错的成绩。

高中于我而言，是一段难忘的旅程。在这段时光里，我收获满满：既有学习上的收获，又有良好习惯的养成的收获，还收获了一群良师益友。这段旅程，比以往我走过的路都要艰难和坎坷，但好在我坚定了信念，一步一个脚印朝着我心中所想出发，即使高考的成绩没有达到自己的预期，但也不算太差。最后给我这段不太完美的高中之路画上完美句号的人是我的父亲，那个不苟言笑的人在我的录取结果出来时喜极而泣，那一刻我明白，我这四年的努力原来意义重大。

我从小没有经历过"精英教育"，但我最终通过自己的努力离开了那个抬头便是山的小地方，在大学获得了更好的教育。总的来说，我这短暂而漫长的求学之路上，既有过精彩，又有过晦暗，虽然开局不利，但好在最后的我坚持了我心中所想，离自己的理想又近了一点。

二、个人感悟与学习方法

求学路上，我也收获了一些感悟与学习方法。

第一，不要好高骛远、眼高手低，要做到脚踏实地。我不知道你在做一件事情的时候是否只是在心里构想，而不去付诸实践，但我曾经有过，还不止一次。最后得到的结果并不像想象中那么美好，甚至可以说是惨痛的。所以，大家在做一件事情的时候，一定要着手去做，而不是想想就行了。

第二，上课一定要认真听讲。课堂很重要，如果你没有认真听老师在课堂上讲的知识点，而选择在课后自己去钻研，那么你要付出两倍、三倍甚至更多的时间，且学习效果不一定好。所以各位千万别在语文课上学数学，别在历史课上学地理，这样的学习效果并不好。

第三，不要拖延。在先苦后甜和先甜后苦之间，或许有很多人会选择后者，但这样就容易养成拖延的坏习惯，这样的方法对学习没多少益处，甚至还有坏处。相反，当你不再拖延的时候，你收获的不仅有轻松的学习，还有更多的时间。

第四，要快乐地学习。一味地埋头苦干会加重你的负担，让你学得更累。所以，别让学习侵占了你休息、运动、吃饭的时间。当你快乐地学习的时候，你会发现事半功倍。

三、结语

我的童年很快乐，青春很潦草，而初入大学的我很迷茫。身边的人来自天南海北，他们的知识积淀深厚，而我是一个什么都不会的"小白"。但我并没有就此沉沦，因为现在的我已经能心平气和地接受自己的平庸。从我步入中国政法大学的那一刻起，我命运的齿轮便重新开始转动，我会牢牢记住我对未来的期许，去过我自己的人生。这句话对你们也很适用，希望你们忘记周边的纷纷扰扰，坚定心中所想，一步一个脚印去走自己的路。相信在未来的某一天，当你回看你的曾经时，你也会有轻舟已过万重山之感。

持之以恒　无畏挑战

李朗萍

李朗萍

【个人简介】李朗萍，女，来自南江县红四乡永福村。2023 年考入西南交通大学。

一、序言

很荣幸能和各位同学分享我的求学故事和经验，希望能够给同学们提供一点帮助。

二、求学经历

我的初中和高中都是在长赤中学度过的，因此我对长赤中学怀有深厚的感情。长赤中学虽然在南江县长赤镇这个小镇上，但它的办学理念和师资力量都是一流的。比如，我的初中班主任何林老师，他的数学逻辑思维严密，极具想象力和创造力；我的高中班主任何杰老师，他的物理教学水平很高，他能化抽象为具体，让人感受到物理神秘面纱下的意义和价值。以上种种，都足以说明——选择长赤中学，是一个正确的决定，再次感谢长赤中学对我的栽培！

三、个人感悟和学习方法

高中三年，我也有一些感悟，希望能够给学弟学妹们提供一些思路，让大家少走点弯路。第一，越努力，越幸运。这是不变的真理，也许你付出的努力在阶段性的检测中，好像没有成效，但请你一定不要放弃，再坚持一下，曙光就在前方。第二，放平心态，平和应战。宁静方可致远，在逆境中满怀信心，在顺境中加倍努力，不骄不躁走好学习的每一步。其实在漫漫人生路上也是这样，保持沉着冷静会让生活更美好。

学习方法主要分为课前的学习方法与课后的学习方法。课前，做好预习，包括基础知识点的掌握和自己的思考与拓展，自我思考意识是非常重要的，会增加学习的趣味性并且更利于知识点的掌握。课后，巩固知识点，包括刷题和错题重做，回顾错题是非常重要的，其实错题是常做常新，甚至你可以试着改编原题，这样学习的趣味性会大大增强。

四、大学生活

大学生活还是非常值得期待的，特别是对于我们农村地区的孩子来说，大学可能是我们第一次近距离真切地感受外面的社会。在大学，你不仅可以学习到很多技能和知识，还可以认识来自五湖四海的人。大学生活是丰富多彩的，每个人在大学里面都有无限可能。所以，为了你心仪的大学继续奋斗吧！

五、结语

在读文章的你距离高考还有多久呢？三年、两年，还是一年？无论是多久，我都希望你能珍惜时光，通过对时间的有效利用去弥补匆匆流逝的光阴。奋斗吧，少年！

责任与担当

陆 慧

陆 慧

【个人简介】陆慧，男，来自旺苍县木门镇，2023 年高考分数 677，通过国家专项计划进入复旦大学核工程与核技术系。

一、序言

我从初一至高三都在长赤中学就读，高中毕业考入复旦大学。我对长赤中学的老师、环境、文化都有着自己的一些认识，希望我的一些微不足道的经验能够帮助同学们在学习中取得更优异的成绩。

二、求学经历

我的小学一到五年级都是在北京度过的，那时我的成绩并不突出。当我六年级来到长赤镇九年义务教育学校时，甚至因为不适应新环境一度掉出班级前十。对我而言，蜕变是在我进入长赤中学后发生的，这种蜕变即想法的转变。

　　我在六年级时刚回到长赤镇，处于陌生的环境中有些许痛苦，我期待着一次更新，而小升初就是一种更新。我抓住这个机会，认识了很多新朋友，明白了我应该做什么，也摆脱了迷茫。那我应该做什么呢？学习，更加努力地学习。交友、娱乐会为我们带来一时的快乐，但只有学习能带给我们永远的财富。我的家境不比其他人，我曾经遇到过种种困难，但无人去诉说，也无力去解决，自卑、孤独一直缠绕着我。当一切沉重的压力压在身上的时候，我发现只有一样东西能彻底改变现状，那就是学习。

　　于是，我坚定信念，摸索适合自己的学习方法，抓住每分每秒，在考试中总结不足，在练习中不断进步。天道酬勤，我的知识水平自然日益提高，我的成绩从初一的平平无奇，到之后与年级上顶尖的学生并驾齐驱，我可以很骄傲地说，这一切都源于我的不懈努力。初中的经历没有太多值得分享的，对我而言，瞄定了目标之后就专注于生活和学习，纯粹的信念支持着我不断进步。

　　高中也是一个全新的阶段，我们不似以前懵懂无知，我们慢慢有了对这片广阔天地的兴趣。高中的学习更加枯燥无味，知识难度也加大了。很多人在高一的时候往往展现出不知所措，继而浪费了宝贵的时间。一步错，步步错，一些人或是苦苦挣扎而不得进步，或是干脆自暴自弃。幸运的是我及时稳住了心态，我在高中的每个阶段都打牢了基础，而后知识的整合、体系化也是水到渠成，可以说我高中阶段的学习是顺风顺水的。甚至我的有些朋友认为是我天赋异禀，我倒是不这么认为，我只是抓住了学习的要领，并切实地实施。

　　我的生活很平淡，没有什么大起大落，我只是刚好抓住了万仞岩壁的几个关键着力点，一点一点爬上去了罢了。

三、个人感悟和学习方法

至于学习方法，我不能说我的方法有多超群绝伦，我仅仅分享给大家做一个参考。

于我而言，学习的要领在于积累，日日积累、月月积累，量变方能成质变。什么是积累呢？成绩再差的同学每天多少也会学一点，这是积累，抓住每节课充实自己也是积累，而我提倡的就是后者。落实下来，就是把在"闲"课聊天改成学习，把囫囵吞枣做完的题重新梳理，把课间睡觉改成课后复习。这些并不难，都是在学校里可以解决的事情，也没有对知识的高要求。

以下是分学科的建议：

语文：要重视语文课，课上要专注。一方面，如果在课堂上做其他科目的事情，一心二用，长此以往会降低专注力；另一方面，认真听课并加以思考是绝大部分同学提升语文成绩的方式，也是很有效的方式。以我为例，我的语文成绩从100分左右一直涨到120分，这个过程是缓慢的，但最后成效斐然。

数学：第一，计算能力是重中之重，在平时做题时务必动手计算。如果在开始时或过程中计算失误，就无法得出正确的式子，进而无法继续进行计算，最后功亏一篑。第二，同学们要整合知识体系，综合利用已学的知识，不要认为某种题型一定只涵盖某个特定的知识点，或是认为某个知识点只会出现在特定题型，要加深对知识点的理解，这样方能遇山爬山、遇水渡水。

英语：积累足够的单词量。要在平时的学习中渗透语法知识，避免最后学习语法时一股脑地接受，然后又因为无法理解语法而统统遗忘；阅读理解要认真比对，掌握文章中心思想。

生物：多背，尝试建立模型。举个例子，在脑海中模拟一个人体结构，往他的身体里"塞"你学会的知识：想想他的大脑由几部分构成，他的肺泡附近的结构是怎么样的。

物理：同数学一样，计算同样是重中之重；运动分析题要分析清楚运动过程，要有条理、按部就班地思考、书写；实验题要理解到位，要明白实验的原理，而不是特意地去记规律，如此，才能在繁杂的变式中抓住胜机；不要害怕大题，只要做到仔细计算，认真思考，大题反而是难度最小的题目。

化学：多背多记；原理是重点，规律要记清，细节不能忘；实验题要多做、多积累、多用脑子去理解为什么、凭什么、要做什么。

四、大学生活

大学生活很美好，大学里，我有时间去做喜欢的事情，有路径去提高自己，有机会去见识更广阔的世界。同学们，加油吧，努力考上自己理想的大学。

五、结语

感谢长赤中学和我的每一位老师，引领我走到现在。同时也希望同学们记住老师对我们的恩情，还要有责任感，你们是长赤中学的未来，你们应当努力去拼搏。人活一世不仅是为了自己，我们处于社会、学校、家庭等一系列环境之中，为了这些奉献自己，才能得到更深远的幸福。

一心一意，踏实努力

张娜娜

张娜娜

【个人简介】张娜娜，女，来自南江县下两镇新桥村。2023 年通过国家专项计划进入北京师范大学。

一、序言

很荣幸能够与各位学弟学妹分享我的经历和感悟，我并不优秀，人生也没有多么精彩，但是如果对同学们有所帮助，那我也是万分激动和欣慰的。

二、求学经历

我的小学和初中阶段都是在南江县下两镇度过的。小学的我只算老师眼中的听话孩子，在老师面前比较沉默、并不活跃，成绩也是中游的水平，甚至我有时候未按时完成作业、逃课外活动，也曾让老师头疼。我的一个人生转折点是在初中，那时我遇到了我的班主任——田钧老师，我十分幸运能够在他所教的班上学习，这段经历拉开了我人生的精彩序幕。田老师注重家校合一的教学制度，实行师徒制度，即一个师傅带一个徒弟，合理安排时间，科学规划教学，使我在初中阶段度过了充实而又不劳累的时光。在田老师的指导下，我进入了长赤中学继续我的学业。

值得一提的是，我并不是孤身一人求学，我还有个双胞胎姐姐，她是一个非常优秀的人。虽然我们一起求学，但我们几乎没有同班过。我的姐姐是一个自律的人，一直以来她都是我学习的榜样。进入长赤中学以后，我们才有了在一个班一起学习的机会。

进入长赤中学后，我又迎来了另一个转折点。刚开始进入长赤中学时，我对高中生活十分期待，但我是一个不太自信的人，认为在高手云集的学校里，我只是一个默默无闻的"背景小白"。然而，我的运气非常好，我进入了圆梦班，遇到了一群性格很好且教学经验丰富的老师。事实证明，我的不自信是正确的，第一次月考时，我考了非常差的成绩，这让我受到了打击。当时，我一度怀疑自己。但是我那些经验丰富的老师们不停地安慰像我这样备受打击的人。高一的我，在备受打击与自我重建中成长起来。我是一个缺乏耐心的人，且成绩不稳定，这也让我十分苦恼。高一寒假期间，在新冠疫情爆发的阶段，我们开学时间延期至四月份，当时对于我这个好玩的人来说，这无疑是一个极好的消息，一方面意味着假期的延长，另一方面意味着我的学业担子会轻松不少。我们假期时仍然要上课，由于学校使用的是成都七中的资源，我们延期开学的日子里要观看成都七中的视频自学。这对于我来说是一个坏消息，毕竟我算是一个极不自律的人，在短暂的自学之后我开始"水课"。然而，到了学校后我才知道我的报应来了：当别人都对所学知识胸有成竹时，我仍懵懵懂懂，不知所云（特别是三角函数）。然而高中时间不等人，我只能咬紧牙关向前冲。成功没有捷径，唯有拼搏努力（毕竟我没有令人羡慕的天赋）。

转机就在高三。到了高三，每个人的进步引人注目，而我在进步的同时也感受到了巨大的压力。复读生的加入，又使得我的压力巨增。看着一天天瞬息万变的分数和排名，我在高三时不止崩溃一次，也在失眠中迷茫过。然而，我很幸运，我遇到了很多好朋友，他们经常安慰我；我的老师们及时察觉我的情绪和问题，并给予帮助和安慰。

然而，命运的天平在最后的高考时并没有偏向我。在最后的高考中，我失利了。当我的高考成绩出来时，我感觉天空是灰暗的，我没有一点动力。老师和同学也对我的高考成绩感到诧异。于是我的不甘心和不信命促使我复读。然而决心复读不是一件人人都支持的事，家人一次又一次反对，他们反复强调复读的风险，可我凭借我的倔脾气硬是"杀出重围"，成功复读。

在复读的这一年，我重拾了信心，一切都信手拈来，自然而然。我的目标就是不断超越自己、查漏补缺，于是我不断充实自己，不断调整自己的心态，遇到困难及时解决，不害怕犯错，从失败中吸取教训。总之学习靠自己，动力在内，才能向前。在复习阶段，我没有了那么多的焦虑和急躁，还注重身体锻炼，每天晚上我都会在操场上跑两圈，放松心情，缓解压力，学会和自己和解。最后，我考了一个还算满意的分数，并且通过国家专项计划幸运地顺利进入北京师范大学。

三、个人感悟与学习方法

经过高中四年的学习，我主要有两点感悟：一是良好心态的保持，二是学习态度。第一，良好的心态意味着我们要进行自我反思并且要有自信，要在逆境中及时调整心态，进行自我总结，接受自己会的东西一遍又一遍的失误，要有直面不足的勇气和毅力，要承认自己的平凡。没有哪个人会轻易就成功，每个人都要经过不懈努力，厚积薄发，在自我摧毁与自我重建中才可能取得成功。第二，要有正确的学习态度。认真完成作业，上课认真听老师讲的重点，尽量少走神，用一个类似于"打不死的小强"的精神积极配合学习安排。

学习方法因人而异，所以我分享的只是一个方面，具体情况还需要根据个人实际调整。关于学习方法，由于我学的是理科，就以理科为例（仅供参考）。首先是语文，我的文学感悟能力比较差，只能简单说一下我的见解：学习语文要抓住语言关键词，例如带感情色彩的词语；要记住一些基本答题模板，学会构建文章结构；要抓住题目关键词，辨别文章类型；要仔细精准审题，内容要实在，观点要正面且清楚。其次是数学和理综类，其最大误区是反复无效刷题，刷题是为了多见见题型，从而总结答题技巧和活跃自我思维，而不是因为刷题可以使自己缓解焦虑；同时还要注意理综答题的时间安排，反复试验适合自己的答题顺序，掌握一些应试技巧，做到简单的题不丢分，难题尽力得分，在有限的时间里得到最大的分值。最后是英语，对于英语，我们需要掌握最基本的单词和语法，同时还要多听多读才能提高自己的口语和听力；对于阅读题，我们要理解文章结构内容，仔细分析重点句子与句子之间的内在逻辑关系，段落之间的递进、反面等联系，有意识寻找并勾画重点语句，即反映作者观点情感的词句；还要注意完形填空内容的内在逻辑，圈画重点词语，注意同词复现、同义转换、正反面情感等；遇到不会的单词也不要过于慌乱，通常重要的词是可以通过联系上下文语境猜出来的。

日常学习中，我们要对知识有严谨的态度，要科学规划、合理安排学习时间。在复习阶段，我们要有自己的错题本，建议在错题、难题旁边写上自己的理解和知识难点；反复演练自己的错题，直到能够独立完整答题，从而不断超越自己。

四、大学那些事

刚上大一的我带着迷茫和困惑来到北京这个繁华的城市，上了两周的课后，迷茫和生疏感逐渐消失，取而代之的是新鲜感和探索欲。我认为大学是一个自我探索和自我挑战的阶段，大学靠的是自律。大学有相对比较自由的时间，能够体验比高中更精彩的生活，值得各位同学期待。

五、结语

各位同学，高考是紧张的、有压力的，但是我想说，既然选择了远方，就只顾风雨兼程。只要我们坚持并为之努力，脚踏实地，那结果一定不会令人失望。希望各位同学顺利度过高中生活，我在北京师范大学等你们！

强大内心，无惧风雨

周祥菊

周祥菊

【**个人简介**】周祥菊，女，来自南江县长赤镇原红四乡斜岩村，2023 年被吉林大学录取。

一、求学经历

我的小学一年级和二年级是在乡村小学就读的，小学三至六年级在红四乡小学就读。由于整个小学时期班上的人数较少，甚至二年级时只有两个人，所以我的小学是在第一名的荣光下度过的——同学们的崇拜、老师们的夸奖，也曾让我沾沾自喜。

进入初中后，我遇到了很多比自己更厉害的同学，我的自信心大受打击。与此同时，我还受到了手机等外部因素的影响，曾一度沉迷于熬夜玩乐中，导致第二天精神不振，成绩下滑。后来我才认识到其危害，便竭尽全力控制自己，抵制诱惑，才不至于成绩一落千丈，但我也没有完全脱离手机的"控制"。

到了高中，学习难度增大不少，英语知识点杂而碎，数学也很难，物理、化学、生物的知识也是全新的。多门课程让我的时间变得十分紧迫,我却仍然想"忙里偷闲"——压榨那为数不多的睡眠时间,去上网、打游戏、追剧。虽然我深知其害,但却无法自拔。于是我的高中生活就在内心不断地纠结与挣扎、身体不断地戒断与上瘾中度过。高考前一个月,我完全没有应有的紧张感,整个人反而很松弛,心里想的不是如何再提高而是快解放了,浮躁充斥着我,让我完全没有意识到事件的严重性。毫无意外,高考时,我没有超常发挥,也没有稳扎稳打,而是失利了。在查询到成绩的那一刻,我有些意外与失望,随后便意识到这是我咎由自取,种下的苦果终究是自己品尝。但我不甘心,于是选择了复读。

高四的这一年,我把手机上交给了老师,以此来让自己专注于学习。在复读期间,我曾无数次后悔,后悔当初不够努力,后悔不听老师的劝诫,后悔轻视高考的难度。看着昔日的同窗好友步入大学校园,我既羡慕又苦涩。无尽的痛苦吞噬着我,令我一度迷茫不知前进的方向。多亏一位朋友的话点醒了我,他说:"你不用羡慕我拥有全新的大学生活,不用羡慕我已经取得了驾驶证,你只是延迟享受罢了,并非永远失去这种权利。"如醍醐灌顶,我从无尽的黑暗中窥见了光明。是因为自己曾经的懒散和懈怠,我才又坐在高中教室里,我现在为之努力的,是弥补遗憾,是奔赴美好。我告诫自己,不要重蹈覆辙,要坚定信念。于是在 2023 年的夏天,我终于补全了 2022 年夏天的遗憾。

二、学习经验

通过这么多年的学习,我还是有些收获的,此刻便分享给大家吧。

　　一是心理上的。首先内心得强大，才能在学习的这条荆棘道路上走得长久。记得初中的一次数学考试中，我只考了六十几分，看着其他同学因为比上次考试成绩只低了五六分而痛哭流涕，我的内心并没有太大的波动，一次的失误并不能否定我的所有。我清楚地知道，只有拥有强大的内心，才能战胜无数失败带来的痛苦。也正是拥有强大的内心，我才能熬过高四期间无数的迷茫与退缩。坚定了自己的心，明确了前行的路，才会拨云见日。

　　二是具体行动上的。首先，建议大家准备一个小的笔记本，可以随手记下平时遇到的一些重要的知识点，如椭圆、抛物线的一些特殊结论，内外阻大小相等时电源最大输出功率的公式，完全双水解的相应物质，百搭的英语作文例句等，这些知识点很重要却也很容易忘记。这可与错题本大不相同，你需要记下的是易遗忘的重要知识点，而不是所有你不知道的知识点。其次，我始终认为适合自己的方法才是最好的，不必盲目借鉴他人的方法。有些人可以完全按照老师的要求写下所有错题，有些人只有在要收错题本的时候才会胡乱写两个应付了事。错题本并不适合每一个人，但错题集是。分门别类整理好每一次的试卷，时常拿出来复习错题，用心去再做一遍，而不是用笔再抄一遍。当然，这对大部分学生的要求是极高的，要有极强的自律性才能做到，所以老师才会让大家都抄错题。再次，适度上网，远离手机。我们可以适度玩手机，但要把握好这个度，靠我们自己的力量是很难实现这个目标的，所以我们要向父母和老师寻求帮助，要规定好上网的时间，定时上交。最后，建议大家多运动，运动分泌的多巴胺能让我们心情愉悦，运动能让我们身体健康，有了好心情和好身体，我们才能好好学习，正所谓"磨刀不误砍柴工"。

三、大学生活

大学生活与高中生活有很大不同。大学生活没有老师的督促，没有从早到晚排满的课程表，学习全靠自己自觉，衣食住行全靠自己安排。我最直观的感受就是信息多，班级群和学院群里源源不断的通知消息，让我每天四处"奔走"，去银行、去医院、去报告厅、去教学楼、去财务大厅。大学就像一个小型社会，既赋予我们专业知识又培养着我们的独立能力。一切都是新奇又复杂的，而这些都在等待着你们来探索。

四、结语

我在长赤中学度过了我人生中十分重要的七年，在这里我认识了良师益友，在这里我完成了蜕变，在这里我留下了难忘的回忆。我将永远记得学校清晨的歌单、池塘里成群的金鱼、路旁的飘香金桂，这份美好是属于每一个长赤中学学子的，希望同学们能在这片沃土上耕耘出自己的硕果，实现心中所想，无愧于自己的青春！

自强书写青春，奋斗追求无悔

马喜贤

马喜贤

【个人简介】马喜贤，男，来自南江县正直镇。2023 年通过国家专项计划考入武汉大学动力与机械学院。

很荣幸能和同学们分享我个人的求学经验和思考感悟，我的经验与感悟或许不是尽善尽美的，但也许可以成为同学们迷茫的高中生涯里的一抹明光来照亮前行的路。

一、玉汝于成·自强

我出生在一个世代务农的家庭里，但我从未因此而感到自卑或者不公，相反，我很感谢做农活的经历，因为其可以磨练我的意志。当我的哥哥们与父亲在外地时，家中就只有我、母亲和年迈的奶奶，我作为家中唯一的男子汉，自然便承担着应有的责任。平时，我便会整理家务，打扫卫生，在家照顾奶奶。而在农忙时节，我也常常上山打柴、锄地、割草等。这样的生活是劳累的，但在劳累中，我懂得劳动的意义与责任的担当，以及自强的含义。"背灼炎天光"让我理解劳动的意义，滴滴汗水让我领悟责任的担当，次次坚持让我知道自强的含义。

父母对我的家庭教育也增强了我的信念。父亲、哥哥们远在外地，家中重担便落在了母亲身上，但她从未埋怨，而是不辞辛苦地承担着整个家庭的责任。同时，她也常常教育我：虽然我们贫穷困难，但我们应当有自强的信念。父亲、哥哥们在工地挥汗如雨，埋头苦干，每每看到他们坚毅的模样，我的自强之心也受到鼓舞。而这样的自强和坚持精神对我后来的求学十分重要，可以说其是我内心的精神支柱与启航的动力。

二、一心向学·勤奋思进

我的父母都是老老实实的农民，而正是他们这种宽厚的品质，熏染了我的思维。在进入高中之前，我的成绩不算特别拔尖，但人生总是会有那么几个转折点，我人生的转折点便是进入高中以后。我首先改变的是我的态度——认真，我会无比认真地对待学习和有关学习的事。我们获得的90%的知识都源于课堂。对于一个全新的知识点，第一印象和感觉是最重要的，所以这就凸显出课堂上要认真听课的重要性了。倘若课上走神，想在课后再去弥补，肯定会花费很多的时间，而且效果也不好。

而要想能够在课堂上保持认真，其中一个重要的因素就是要有一个良好的精神面貌，这与自己的作息时间相关，因此我的第二个改变就是要有一个清晰的时间安排表。高中时，每天我都会早早地起床，六点半到教室后便会着手做当天的作业，我会用黑色字迹的笔书写每一天都会有的学习任务，如练字、刷英语试题、看错题……然后用红色字迹的笔书写当天的特定任务。同时，我也会按照紧急程度对任务进行排序。

最重要的一个改变便是我有了笔记本和错题本。可是我们为什么要有笔记本和错题本呢？因为笔记本上记载的是我们听课时的重要知识点，里面包罗万象，可以说是我们复习备考的一手资料。我们把整个知识点转存在一个地方，可以有效地进行整合，而不必去翻厚厚的课本。错题本里记载的是我们的错题，里面包含着我们的错因和未曾知晓或者遗忘的知识点，我们可以及时进行查漏补缺。我初次有想写笔记的想法是在高一上学期李胜学长来我们班上分享他的学习经验时，当我听到他说他有八本笔记本时，我的内心是很震惊的，因为记笔记的巨大工作量让我望而生畏，也就导致我的笔记本上的笔记寥寥无几。而经过我的实践，我有了以下的感悟：第一我们可以在上课时直接把笔记记在笔记本上，而不是先记在课本上再去誊抄，这样过于浪费时间。第二，我们记笔记时一定要有序，要把笔记记得有条理，我们以后复习的时候才会逻辑清晰。第三，记笔记的时候我们可以手握多种颜色的笔，如蓝色是标题和重难点，黑色是普通的内容。对于错题本的书写，同学们或许烦恼的是每次都要抄题干，但实际上我们可以借助一些小工具，如用"喵喵机"来打印错题。为了使错题更加分明，我常常用黑色的笔去书写普通的内容，而对于重要的内容我会用其他颜色的笔进行书写，然后在重要步骤旁边注释其知识点和注意点。

复习备考时，笔记本和错题本便是我们的一手资料。由于平时我们都被繁重的课程和作业缠身，没有时间看笔记本和错题本，所以我一般都是在每周放假的周六晚上过一遍本周的笔记本和错题本，再回顾一些之前的重要笔记和典型例题。考试期间我们有大量的自习时间，于是我就会好好地利用这一段时间抓紧回顾。而在看笔记本和错题本时，我会拿出另一种颜色的笔，边看边写二次笔记，如我会写本道错题的原思路，然后找出错因，我也会在此道题的基础上延伸出其他关联的知识点，或者自己会尝试着出一道变式题……这就是把书读厚的过程，而当我们看了很多次笔记本和错题本的时候，对于许多的知识点我们都已经牢记于心了，只剩少部分知识点了，这就是把书读薄的过程。

我们再来谈一谈如何看待成绩的问题。我们对于成绩似乎很是敏感，但实际上我们不需要对成绩如此敏感，它只是一个参数罢了，并不代表着全部，我们不应该给自己徒增压力。我认为我们应该尽心尽力地去做好一件事就够了，用一种较为平和的心态去面对，但这绝对不是"摆烂"和放纵，相反这是一种良好的心态，我们知道自己的追求是什么，而在这途中我们只要尽力就好，只要最后我们不后悔就行。

三、星辰大海·未来可期

大学生活精彩纷呈，充斥着的不仅有成绩，还有其他精彩的生活，你可以在绿茵球场里大放异彩，也可以在学生会中积极工作、奉献自己，还可以在卧虎藏龙的大学生竞赛中展现自己的才能……不论你是为了锻炼自己或者是为了获得高分，只要你明确自己的目标和追求，就大胆地向自己的星辰大海进发吧！

四、结语

此时的你们正值青春年华，拥有无限的活力，所以请大胆地去追求和奋斗吧！我相信，未来长赤中学六月的烟花终会为你而绽放！

因为有梦，所以奋不顾身

饶秋语

饶秋语

【个人简介】饶秋语，女，长赤中学高 2022 届 7 班毕业生，现就读于中南大学湘雅医学院临床医学专业。

一、关于学习

学习方面，我并不是一个全能型选手，所以我不打算分学科谈学习方法，下面分享一些我通过自身经历总结出来的经验，希望对你们有所帮助。

第一，抓住课堂时间。曾经我也做得不够好，比如上课打瞌睡、走神、赶作业、不认真听课等。打瞌睡、走神肯定不对，自己闷着头学不顾台上老师所云为何物也并没有让我额外收获任何有价值的东西。特别是讲授新课时，如果我在上课时没有认真听，课后就得付出更多的时间自行学习这一部分内容。抛开时间问题不谈，面对新的内容，我们缺乏经验，难免会抓不住重点和难点。在听课途中若有某一点不太明白，不要原地死磕或是急着找同桌讨论，记下来然后继续跟着老师的节奏走，以免再错过后面的内容。老师的每一堂课都经过了他们的精心安排以及多角度的考虑，跟着老师的节奏有所思考、有所记录，才会有所收获。良好的听课习惯一旦养成，其收获是巨大的，这种对于学术的严肃态度以及抛开杂念专注做一件事的定力会让你闪闪发光，且不仅体现在学习这一个方面。

第二，重视弱势科目。相信你们很多人面临着偏科的难题，曾经我也一样，在高中阶段，我的物理成绩很差，总是在及格线上徘徊，这导致我讨厌物理，害怕上物理课，宁愿多练几道数学题也不想翻开物理书看一看。畏难情绪导致我们有时候不正视弱势科目，从而进入恶性循环，成绩越来越差。但是，高考不允许我们放弃任何一科。直到现在我仍后悔曾经有一段时间几乎放弃了物理，不愿在物理上多花时间。现在我进入大学，仍然要学习物理，并且物理还是我所有必修学科中占比最高的一门课程。既然现实不允许我们逃避，那么我们就应该做一个敢于面对自己弱点的勇士。我们可以把课余时间多倾斜给弱势科目，从基础知识开始学习，多练习、多总结。看着自己的弱项慢慢变好，你会发自内心地感到快乐。与上一点一样，未来你一定会受益于十几岁时在学习上培养的不怕困难、敢于攻坚的品质。

第三，理解很重要，记忆亦如是。传统观念里，大家认为文科生就是"背多分"，理科生就不需要记忆力。当然身为学生的我们都心知肚明，不论文科还是理科，都需要理解与记忆力。由于我是理科生，那么我就从理科的角度分析。语文和英语这两门语言学科要记些什么无需多谈，数学、物理、化学、生物何尝不需要记忆呢？对于数学、物理这两门学科，我们要记公式、题型、固定的思路及答题模式，甚至一些常用数据等。化学、生物的小知识点繁多并且有分值很大的填空题，尤其需要我们拥有强大的记忆力。很多填空题不需要"个性化""创造性"的表达，只要记住了就能拿分。比如，化学中的各类仪器的洗涤方法、检漏方法、判断沉淀是否完全洗涤干净、滴定达到终点的标志等。生物中就更多了，各种概念、各种作用按照教材原话写出来就能得到满分。考场上考到这些死东西时，自己却不能完整写出来的感觉很难受，所以我们在平时一定要扎实地记住该记住的东西，不要丢了这些"送来"的分。

第四，高效刷题，保持手感。在我看来，"题海战术"看似残酷，实则有效。如同练兵一般，将士们无数个日夜的训练和无数次的演习成就了战场上的所向披靡，我们练的一道道题、考的一次次试都是为了我们在高考考场上更加得心应手。要相信没有白做的题，做题可以让我们巩固知识点、提高熟练程度，甚至对我们单纯地提高速度都是有用的。学校提供给我们的资料很优质、很丰富，建议在完成老师布置的作业之余再找一些题来做。就语文来讲，做套卷是不现实的，那么可以分模块练习，并且针对薄弱模块加强练习。数学的选择填空题非常重要，做选择填空题的速度决定了后面大题是否有充裕时间，其正确率又影响整张试卷得分，所以我建议可以在晚自习或者读报时间抽出40分钟做定时训练，以提高做选择填空题的速度和正确率。当然我们也不能沉浸在自己的舒适圈里，要多练习创新的题目，找到变化中隐藏的不变。比如，2023年高考语文的语言运用题中，一直是选择题的成语填空改为了填空题，打了我们一个措手不及，你怎么知道这样的变化不会发生在你高考的时候呢？对于英语我们也可以分模块练习，可以把一份套卷分成几个部分用几天时间来完成。我以前就做不好改错题，这让我很是苦恼。后来我给自己做了一个改错题专项练习，几天时间做完了一整本练习册和一整本卷子的改错题。记得高考前夕，我们的生物老师拿了很多套选择题给我们做，这对我很有帮助。

第五，刷题很重要，总结亦如是。刷完题后，我们要"趁热"订正答案并且纠错。相信大家都有自己的错题本，这是一种很好的学习方法。建议学完所有知识模块进行总复习的时候，将自己的错题本分版块记录，方便查找复习。错题本不需要太精致，怎么样能方便自己看就怎么样记。前面也提到过，生物和化学中有很多我们可能会忽略的知识点或者描述性文字，我的建议是准备一个小本本记下这些"漏网之鱼"，放在桌上时时更新、时时翻阅。

第六，养成良好的做题习惯，不仅限于考场。我高中的班主任秦老师经常给我们讲，考场上争分夺秒，所有规范全部源于平常养成的习惯。或许你会存在诸如"考试我就不会这样了"的心理，但我们冒不起这样的风险，所以从平常的练习中就要养成良好的答题习惯。

第七，工整的书写永远有用。网阅体制下，书写显得尤为重要。相信大家都有所体会，一篇标准衡水体的英语作文看起来是多么的赏心悦目。讲讲我自己的故事，以前我的英语老师多次让我练一练衡水体，我一直不以为意或是半途而废，直到距离高考还有两个月的时候，她要求我每天交一篇字到她的办公室。这下我逃不掉了。我网购了一叠高考英语答题卡，每天抄一篇优秀英语作文上去。慢慢地，我的字有很大进步。功夫不负有心人，曾经我以为"非人哉"的衡水体被我练出来了，高考中英语作文分是三年来最高的一次，也算是不留遗憾了。

二、关于成长

虽然我也才刚刚进入大学，各方面经验不足，但我很想谈一谈自己的拙见。

第一，尊重老师，听取他们的建议。在学生时代遇到好的老师，实乃一大幸事。或许你的老师在你现在看来太过严厉或是太过啰嗦，但那都是他们对学生爱和期待的体现，因为他们是除了你的父母外真心盼着你好并为之努力的那个人。他们自己经历过一遭，然后又看那么多学生走过一趟又一趟，他们的建议是多年经验的积累。他们的严厉只是想让我们进步，啰嗦只是因为担心我们掉入相同的陷阱。所以，不要顶撞老师，不要看不起老师，尝试听一听他们的建议，你会发现真的很有用。

第二，对父母好一些，不要让他们难过。我们眼中能看到的风景，都源于父母拼命将我们托起。所以不要吼他们，不要让他们伤心难过。他们人至中年，赚钱养家、赡养老人、抚养孩子的生活已然非常辛苦，作为他们眼中的希望，我们就不要再让他们难过了。如果你曾留意到你发完脾气后妈妈不知所措、黯然失色的样子，你一定会后悔。六岁时，我和妈妈吵架，撕碎了她在她的母校即将被拆掉时捡回来的一片叶子，还去她的面前对这恶作剧炫耀不已，妈妈当时只是叹了口气。直到后来我懂得何为回忆、何为纪念，才知道我是多么邪恶且愚蠢。我是个念旧的人，直到现在还时常回忆起很久以前的琐事。每每想到我曾经做过的那些伤害到他们的事情，总是懊悔不已。可世上没有后悔药，所以对父母好一些，多和他们聊聊天，多帮他们干干活，不要给将来的自己埋下悔恨的种子。节日的一句祝福、生日的一份礼物，会让他们像孩子一样开心，不信你可以试试看。

第三，常怀感恩之心。感恩祖国，从未让我们这一代人经受战火和饥荒；感恩学校，尽全力在一个资源匮乏的小镇上为我们创造舒适的学习环境；感恩老师，每天披星戴月陪伴我们、培养我们；感恩父母，辛苦打拼、保障我们的成长道路；感恩自己，为了未来如此坚强、如此执着……多想一想我们拥有的那些美好，少一些埋怨和焦虑。

第四，正确对待青春期的爱情。如此美好的十几岁，喜欢上一个人或是收到一份喜欢，是再正常不过的事。但我想告诉你们的是，倾慕、喜欢都很美好，青春期的恋爱却并非如此。一段好的感情，是积极向上的，是共同发展的，是爱和批判共存，是能从那个人身上学到一些东西的，绝不是短暂的热烈或无休止的争吵。十几岁的我们，可能还维系不好一段感情，所以要格外谨慎。我们不要在错误的人身上亵渎感情，消耗自己对美好爱情的期盼，这样只会留下后悔和遗憾，只会得不偿失。

第五，适当培养兴趣爱好并将其发展为特长。进入大学半学期了，我对大学生活也有一些发言权。身边很多同学都有一些特长，有的还凭借特长进入学校的某些组织。说实话，我是非常羡慕和佩服的。我至今都后悔以前因为所谓学校课程紧而放弃了学习了七年的钢琴。现在我都不敢说自己学过它，因为过了这么多年手早就生了。我认为，有一件你热爱且擅长的事情，实在太美好了。所以，在课余时间，试着放下手

春华秋实

机，去运动，去学会一门乐器，将来你就会发现，这些事情非但不会影响你的学习，反而还会给你带来收获。

第六，拒绝浑浑噩噩，每一天都为自己而活。高中阶段压力大，时间紧，很容易让人陷入一种浑浑噩噩、虚度光阴的状态。我希望你们每一个人都不会有这种状态，即使短暂性地进入这种状态，也要尽快调整过来。一定要清楚，现在的每一天都是为了自己而活，而不是演给谁看。现在看似不起眼的日复一日，终究会在将来的某一天，突然让你明白坚持的意义。

三、结语

啰啰嗦嗦说了这么多，是时候有个结尾了。我很喜欢五月天，所以就写两句在我高中时候激励着我的歌词吧。"被火烧过才能出现凤凰，逆风的方向，更适合飞翔。""我不怕千万人阻挡，只怕自己投降。"那黑的尽头定有光，那夜的尽头天将亮。你们才十几岁，未来无法预知，一切皆有可能。所以，勇敢去追逐自己的梦想吧，少年！在这仅此一次的青春里，为了梦想，我们不懈努力，我们奋不顾身。昆仑纵有千丈雪，我亦誓把昆仑截。

历经彻骨寒，方闻梅花香

谢东洋

谢东洋

【个人简介】谢东洋，男，四川省南江县长赤镇乐台村人，2022 年以长赤中学理科第一名考入上海交通大学医学院。

一、成长故事

首先讲讲我的成长背景。事实上，我的家庭背景与大多数人不同，成长经历自然也有所不同。或许很多人都不会相信：我的父亲出生于 1947 年，母亲出生于 1959 年，比同龄人的祖父辈的年龄都大。父母年迈，抚养能力有限，养育我这个重任就落到了我姐姐和姐夫的身上。而我姐姐的年龄应该与大多数同龄人的母亲年龄相仿，她自己也有两个孩子，都比我大一点。说实话，需要同时抚养三个孩子和赡养几位老人，无疑是一件极其辛苦的事情，在这里，我也想借此机会表达我对姐姐和姐夫的感谢。

再来说说我学医的缘由。我一直非常清楚地记得一件事情。在我很小的时候，对生死这种东西还没有概念，认为人只会慢慢变老，而不会死去。有一天晚上，我问妈妈："你的父母亲去哪里了呢？"母亲说他们已经去世了，是因肝硬化过世的，因为以前医疗条件不好，加上家里很穷，根本没有钱看病……虽然我当时不是很理解"死"是什么意思，但大概清楚的是，我们无法再见到死去的人了。我又问道："那是不是不得病就不会死啊？"母亲没有回答，只是笑了笑。从那时起，我就下定决心要当一名医生，要去救治那些处于危难之中的人，将他们的生命从死神的手中夺回来。

二、学习方法

我一直不认为我有什么好的学习方法可供大家学习的，在此，也仅将自己的一些拙见分享给大家。

第一，听从老师安排，尊重老师。这是最重要的一点，因此理应放在最前面。老师不仅是我们的学习导师，更是我们人生的引路人。在这个世界上，天才是极少的，人外有人，天外有天。课上要认真听讲，积极思考，及时反馈老师提问，不要一言不发。被老师抽问时，要立即起立，这是对老师最基本的尊重。同时，回答问题要铿锵有力，口齿清晰，不要糊弄，也不要因为自己觉得不对就不敢说，毕竟人无完人。如果老师在教授过程中犯了知识性错误，应当及时善意提醒老师纠正，而不是取笑老师。总而言之，要先学会做人，再学会做学问。

第二，按时按质按量完成作业。积极完成作业，是对课上内容进行复习的好方法，其不仅可以让我们对已讲过的知识进行巩固，也可以让我们见识更多的题型，提前适应考试，从而有所准备。一般情况下，老师布置的作业量是比较合理的，如果同学们一致认为作业量过多，应当私下和老师交流反馈，以免造成各科时间安排不均、因小失大的后果。遇到不会的问题，要积极思考，尝试另辟蹊径；实在难以解答的，可以先猜出答案，再返回求解过程，最后询问老师或同学并进行检验，不要随时随地拿出搜题软件进行搜索，以免对其产生依赖。作业的完成要同时讲究质量和效率，做到又快又准，要达到这一要求，需要勤奋、刻苦训练。

第三，尝试给自己找事做。学有余力的同学可以主动要求老师提供或者自己私下找一些练习题来做，当然了，历年的高考真题是最好的。我并不反对题海战术，虽然我自己不喜欢做题，但实际上，多做题也是有一定帮助的。做的越多，见的也就越多，掌握的也就越多，题海战术因人而异，对每个人的效果不一，可以根据自己的情况进行尝试。

第四，熟悉教材。当做题做太多且感到乏味时，不妨试着改变一下方法，把眼光放到教材上，多关注教材上的细节。无论是平时考试还是高考，很多题的原型和涉及的知识点都源于教材，文理科都是如此。背教材肯定是困难且难以实现的，因此这也不是我们要做的。我们要做的就是尽量熟悉教材，弄清楚教材每一章节所讲的内容，将老师所讲的重要部分背下，越准确越好，因为这可能会影响答题的效果。每次考完试之后，要多翻翻教材，看看考到了书上的哪些内容。教材是知识的重要来源，熟悉了教材，才能在应对简单题时不失分，遇到中档题时多得分，处理困难题时能得分。

第五，注意各科均衡发展。想要取得高分，一定是要没有明显弱点的。我在高考时就吃了语文和英语的亏。不要觉得自己平时成绩好，作业完成得好，就认为自己很擅长某一科。我平时的语文成绩是不低的，长期下来，我一直觉得自己的语文成绩很好，可是在高考时，我的语文考得并不好。平时学习中，我们要积极总结，发现自己的不足；每一次考试后，更要根据自己的成绩看看每一科的情况，可以到老师办公室咨询老师，让老师提出意见和建议，以更好地指导自己学习进步。我们还要尝试给自己制订详细的学习计划，千万不要有这样的思想：觉得自己某一学科优势足够大，可以掩盖自己弱势学科的缺陷。这样只会让弱势学科越来越弱，等到高考拖后腿时就会让自己后悔莫及。

三、志愿填报

我是阴差阳错地进入上海交通大学的。高考之后，一度认为自己考得非常差的我，已经做好复读的准备了，当很多同学都把高中的书籍处理完了的时候，我还保留着所有的书。直到六月二十三日晚上，我查到高考成绩的时候，一度以为自己看错了，因为我们的老师说过，一般应届生的估分不太准，分数会比估计的低一点，而我却比自己的估分高了20多分。虽然看到单科分数时，我还是有很多不满意，但对总分还是比较满意的，毕竟这也是整个高中三年里分数最高的一次，也是我第一次考年级第一。

后面就进入紧张的志愿填报阶段，我查阅了很多资料后，初步完成了志愿表的填写。事实上，我的第一志愿是复旦大学医学院，但也许是冥冥之中注定的吧，我在填报志愿时间截止的前几个小时，把第一志愿改成了上海交通大学医学院，然后把复旦大学医学院改到了第二志愿，当时我想的是上海交通大学的录取分数线更高，不如就冲一冲。经过了半个月的漫长等待，终于在半个月之后，我查询到了自己的录取信息，我的内心也终于平静了下来。

我的这段分享，是想告诉大家，在一切结果出来之前，千万不能随意揣测，也不要轻易否定自己。高考的时候，希望大家考前放平心态，考中认真对待，考完满怀期待。

四、大学生活

从开始军训，到我开始写这篇文章的现在，已经过去了两个多月了，在上海交通大学，我的感触颇多。

首先，等你们将来进入大学，就会发现身边优秀的人的确很多。周围的同学都是来自各个省份的优秀人才，大家不仅学习成绩优异，而且在体育、音乐、美术等方面也有特长。长赤中学的学生大都是农村的孩子，能够进入顶尖高校，很多都是靠的各种专项计划，即可以以较低于别人的分数进入相同的大学。我们在被录取的时候也许会感到高兴，自己能够去到更好的高校，但进入大学后，我们可能会感到学习较为吃力，甚至会产生"不如不用专项计划"的想法。自卑是在所难免的，但我们也要尽力去克服。既然起点比别的同学低一点，那就拿出加倍的努力去追赶并超越他们。大学的自由度是很高的，没有老师和家长来督促自己学习，因此我们理应自觉学习。虽然很多同学都不喜欢"内卷"这个词，但上了大学之后，我们会发现这是不可避免的。周围人所说的"上了大学就轻松好玩了"这种话也是不对的。身边的同学都是能有多

"卷"就多"卷"，如果你不甘落后，就必须努力起来。

其次，我觉得大学真的很大，当然，这也许是因为我身处全国面积最大的高校之一的校区中的原因。由于面积实在太大了，上海交通大学也曾被戏称为"上海脚痛大学"，我也有在校园里迷路的经历。在上海交通大学，你可以看见各种各样的校门：因为神似人字拖的"思源门"、致敬欧洲经典的"凯旋门"、蕴含悠久历史的东门……这里还有各式各样的图书馆：巨大无比的主馆、自习天堂包玉刚图书馆、博物馆式的李政道图书馆。上海交通大学的风景也非常美丽，有着涵泽湖、思源湖两个休闲圣地。当在这里散步累了之后，我们可以找一家咖啡店坐下来休息，也可以随便找个食堂去吃饭，因为上海交通大学的食堂实在是太多了——从第一至第七餐饮大楼，到可以买各种小吃的玉兰苑，再到麦当劳，走到哪儿都有吃东西的地方。

最后，大学里还有着多到难以想象的社团和协会，学院和学校也会不定期举办各种好玩的活动。学习之余，你可以选择参加自己感兴趣的社团或活动，让自己适当地放松，体验丰富的大学生活。如果你有一技之长，那一定要去抓住每一个舞台，勇敢地展示自己。

五、总结

说了这么多，浅浅总结一下。

初中的时候，我也收到过一本名为《走在青春的路上》的书，其中学长学姐们撰写的故事，对我影响颇深。如今我已高中毕业，也很荣幸地收到了我高中语文老师——罗鹏老师的邀请，来分享一下我自己的故事，同时勉励一下学弟学妹们。上面所写的，有我自己的经历，也有供大家借鉴的经验，也有随便聊聊的闲谈。我的写作水平有限，如果有写得不好的地方也请谅解。我希望大家能够铭记长赤中学的校训——"励志笃行，止于至善"，同时也将上海交通大学的校训送给大家——"饮水思源，爱国荣校"。看今朝，你们与长赤中学邂逅，在美丽的校园里吐故纳新；展未来，你们必将为她添彩，在广袤的祖国大地上发光发热。

"不经一番寒彻骨，怎得梅花扑鼻香？"我在东川路 800 号等你！

蓝天为海，以梦筑舟

贺俊逸

【个人简介】贺俊逸，男，出生于南江县长赤镇，2022年高考以优异成绩考入中山大学。

贺俊逸

一、序言

学海无涯，自有行舟踏浪去。

二、求学经历

小学、初中时我随父母在外飘荡，高中时才回到家乡，并就此与长赤中学结缘，也留下了终生难忘的记忆。第一次来到这里时，我满心忐忑，陌生的环境与新的同学带来的拘谨都让我一时间难以调整好自己的状态，但高考这个大关就在那里，等着每一个攀爬者去到达、去攻取、去突破，学习成为我调节自己的良药。我在长赤中学的经历十分有趣。经历了初中无数次的体育课延期后，我竟然对于自己能一节不落地上完每学期的体育课而惊喜，但这也让我爱上了篮球，并锻炼了我的体魄。我的梦想也是在这里生根的，并一直支撑着我度过高考前最难的时光。

说真的，没有什么能比梦想更能推动你前进，因为梦想很美，每一步的靠近都能发现新的美景。

长赤中学这三年的拼搏是终生的记忆，组成这个记忆的人和事物很多，但主角永远都是长赤中学与我。长赤中学的环境绝对算不上很好，但在我看来，它绝对做到了它所能做到的最好：负责的老师、浓厚的学习氛围、尽可能专业有效的学习资源等，并以此让我爱着这片土地。三年的坎坷难以说清，但最令我记忆深刻的便是不断地倒下与爬起，然后在这过程当中蜕变，完成独属于自己的成年之旅。

三、学习方法

关于学习方法，我认为适合自己的就是最好的。在此前提下，我觉得对各位有效的学习方法主要有三个，我通过现在的大学学习经历来详细说明。

第一是预习。大学的课并不少（当然肯定比高中少得多），但是要上的科目多了，分到每个科目的课时就变少了，这使得每节课的内容都是紧凑而丰富的，如果不提前预习，上课时根本就不能跟得上。高中的情况会好很多，但这样反而显得预习更加重要，因为高中的时间比大学要宝贵得多，这使得预习所带来的收益是更高的——知道一个知识但不理解和完全不知道一个知识相比，前者在上课时肯定比后者的效果更好。

第二是笔记。大学的书比较厚，但在一节课上，老师往往就能讲完几十页的内容，要想真正学好，我们不仅要认真听课，也要在课后补笔记，高中同样如此。我在高中时喜欢时不时地整理自己的笔记，让我的笔记排版更加美观，同时可以回顾知识，温故而知新，这里的"新"是自己记过却完全忘记的"新"。但这个过程其实很费时间，而且也很难坚持下去，其结果往往是兴冲冲地买了新的本子，一周后就被"打入冷宫"了。所以，你所能信赖的只有你的初版笔记，那么如何做好笔记呢？我认为在于简练与精确，笔记的功能是便于学习和复习，所以简练是首要的，这方便我们快速理解和回忆相关的知识，千万不要把讲义全抄下来，这样不仅费时费力，而且并不能帮助我们理解知识，这是为什么？大学查论文文献时，我们会经常需要查阅外语论文，而我在这个过程中了解了一句话："先去看翻译而不是先去看原文，相当于是直接把别人嚼过的东西拿来。"讲义是别人对知识的理解，也许足够详细，利于理解，但终究是别人"嚼过的东西"，而我们在记笔记时的简练过程，其实是我们自己的思考过程。

第三是复习。大学时复习很重要，我在写这篇文章时正在复习物理知识。而高中时期的学习更需要通过复习巩固所学知识，因为高中的学习节奏比大学快得多，这使得高中知识的汲取是快速的，如果没有复习这一过程，我们很容易忘记或者错记之前的知识。

四、大学生活

我已经说了许多关于大学生活的内容了，这是一种与你想象中不同的生活，它自由而又充实，每个人都在以自己的方式经历着大学的快乐时光，或是纵情高歌，或是继续攀登。

脚下的路是自己的

林彩虹

林彩虹

【个人简介】林彩虹，女，来自四川省南江县长赤镇林家村，2022年考入中山大学海洋科学学院。

一、序言

脚下的路是自己的，只有自己走出来的路才是最踏实的，也是最适合自己的。未来想要过什么样的生活，只能靠自己打拼才能得到，不要想着能靠他人。

二、高中学习方法

2018年的夏天，我成功考入长赤中学。还记得高一的时候，我懵懵懂懂，只知道学自己感兴趣的理科科目，对其他不喜欢的文科科目置之不理。所以选课时，我也如愿以偿地选择了理科。那时我的理科成绩排名在年级一百名左右，但当我得知年级第一名的成绩时，我瞬间有了学习的斗志，我在想为什么我就没有取得那么高的分数呢？于是在接下来的学习过程中，我逐渐找到了适合自己的学习方法。

　　说起语文，我想让大家很头疼的应该就是背那些纳入考纲的古诗和文言文吧。其实我在高三第一学期结束时，也只记住了高中必背篇目中《氓》等一些简单好背的篇目，像《琵琶行》《阿房宫赋》等长篇篇目，我都没有记住。怎样才能记住这些深奥的文言文呢？首先要熟悉文言文具体讲的是什么故事，再与文言文中的字词句联系起来，就会发现背诵其实很容易。其次就是巩固，我知道高中生活会很紧张，我们可以在洗澡洗头的时候背，也可以在吃饭的时候心中默念等，这些都是节约时间的好方法。

　　又比如数学，圆锥曲线肯定是让大家头疼的题目，学霸也要花四十分钟或一个小时解出一道圆锥曲线大题和一道倒数大题，那这个时间是怎么空出来的呢？我们可以从选择题和填空题里找到答案。同学们一般会花五十分钟左右的时间做选择题和填空题，然后就没有多少时间去攻克难题了。我认为可以多记一些二级结论，当其他同学需要花费五分钟的时间推出这个结论时，你却可以直接运用结论，时间自然就节约出来了。

　　最重要的就是高一、高二时不要盲目刷题，重在理解。高一、高二时，你只需要认真听懂老师上课讲的知识，研究老师课上留下来的问题，认真做好老师布置的作业。高三时，你就要学会归纳总结。老师也常说归纳总结，怎样才算是归纳总结呢？首先要对题目进行分类，其次总结哪类题目对应哪种方法。你会发现一种题目可以千变万变，但是它的考点是怎么也不会变的，即万变不离其宗。

当你多刷题之后会发现,解题的本质就是由繁化简的一个过程。就比如一道物理题目的题干特别长,令人看都不想看,还会给人一种很难的错觉,但其实你只需要抓住题干重点,简化题干,用你自己可以看得懂的简单的符号、数字、图形来翻译,到最后你会发现这一长串的内容被你翻译下来也就只有一行左右了。

三、大学生活

我认为我的大学生活还是挺充实的。我参加了很多活动,和同学们相处得很融洽。我每天都挺忙碌的,也知道自己该干什么,目的很明确,所谓的"摆烂"是不存在的。

学弟学妹们,我在中山大学等你们!

脚踏实地，追寻星海

唐 梁

唐 梁

【个人简介】唐梁，男，来自四川省南江县长赤镇古楼村，2022 年考入上海交通大学。

亲爱的学弟学妹们，大家好！我很高兴能在这里与你们分享我的高中学习方法与大学经历，希望能为你们提供一些有益的建议与启示。

一、高中学习方法

1. 制订合理的学习计划

高中的学习非常忙碌紧迫，因此要想更好地学习和掌握知识，就需要制订一个合理的学习计划，这将会帮助你更好地管理时间，以确保每天都有足够的时间用于学习。我们要遵循收放有度原则，即每天既要有大量时间投入学习，还要有充足的时间进行休息和锻炼，比如，和同学踢足球、打羽毛球等。我们不能一味地玩耍或者一直高强度学习，这样会导致跟不上学习进度或者搞坏身体。

2. 坚持独立思考

高中学习需要重视独立思考能力的培养。我们要学会分析问题、解决问题，不要仅仅依赖答案或公式。在解题过程中，我们要善于思考，尝试用不同的方法解决问题，从而提高自己的思维能力。还记得我自己以前就不看难题，觉得自己不会做。不过我初中和高中的数学老师都致力于让我们多做难题、多想难题，我才慢慢培养了做数学难题的思维方式，我的理科成绩才慢慢好起来。

3. 重视课堂听讲

课堂听讲是学习的重要环节。通常，老师在教授新课的时候会顺带提出这些知识点的难点和重点，这些都是很容易在考试时出错的点，因此在课堂上我们不宜只做自己的事情，而应该专心听老师讲解，还要将老师所讲的重点、难点及时记录下来，以便课后复习。同时，我们还要学会区分轻重缓急，将有限的精力投入到最需要关注的地方。比如你已经彻底掌握了有的知识点，但老师为了照顾其他同学再次讲解时，你可以暂时不听这些知识，而去思考一下自己还未掌握的知识点。

4. 做好错题总结

做好错题总结可以帮助你更好地了解自己的知识盲区，掌握更多的做题技巧。同时，多多思考这些错题有利于培养举一反三的思维能力，这点还是很重要的。

二、大学经历

我很高兴还能与你们分享我在大学里的经历。我在上海交通大学的闵行校区内，这里虽然有点偏僻，但风景真的很好，校园内有很多绿植，还有在夜晚灯光照耀下波光粼粼的思源湖，在校园内散步就很容易使人感到清净。而且这个校区还有一个特点就是大——占地面积很大：刚开始的时候，我根本不知道教学楼、教师办公室在哪，还得开个导航才能找到，即使是骑着共享自行车也得挺长时间。还记得有一个晚上，我和室友打算骑自行车逛一下校园，结果三个多小时都还没逛完。

在大学，我们也能遇到很多人。大部分人都很好，他们很有才华，也平易近人，经常会给其他同学提供帮助，哪怕彼此并不认识。

都说大学很自由，其实只是少了老师的约束而已。大学生活很繁忙，很多事情都得自己去干，也没人管束你，只要在截止日期前做完就行，而这就需要自律了。其实我们以后的路还长，大学也仅仅只是人生中的一个站点，一个促进我们独立、自主、自律的站点。

三、寄语

学弟学妹们，无论是高中还是大学，都要珍惜时光，努力学习。我们要保持积极向上的心态，勇于面对挑战和困难。希望你们在未来的学习和生活中取得优异的成绩，实现自己的人生价值。祝愿你们能够脚踏实地，追寻星海！

有关学习这件事

王　旭

王　旭

【个人简介】王旭，女，2022 年考入山东大学（威海）数学与统计学院。

一、序言

2018 年，我进入了长赤中学，就读于 17 班。刚入学，学校发了许多书，而令我眼前一亮的便是《走在青春的路上》，它浅绿色的封面在一堆书中格外吸人眼球。在之后的几年里，我也曾多次打开这本书仔细品读，以解答我成长生活中的疑惑。光阴似箭，在过去的十几年里，我没有过跌宕起伏的人生经历，即使是在丰富多彩的高中，我也是走着比较平凡的路径。思来想去，作为你们的学姐，我还是写下一些我的学习方法和建议，希望能对你们有所帮助。

二、学习篇

在提及各科学习方法之前，我必须强调的是你们在学习方面的习惯——自律。无论是预习、复习还是作业等方面的习惯，其核心都是自律。而后，我也会就此做进一步阐释。

1. 语文

在语文方面，我的学习方法或许与大多数人的方法相似，但我还是决定在此写下，也希望它能够对你们有一定帮助。

首先，对于高中语文来说，我们花费时间最多的就是在早自习和课堂上。早自习时间，我们可以背诵古诗词、文言常识等。但是不要每次都从头开始背诵，不然你会发现，你永远都只会背那几篇。同样，一节课仅有短短四十分钟，所以就要把这四十分钟充分利用起来。当然，利用并不是说将时间用来算数学题、做物理题，而是真正地把时间落实到语文学科上。高一和高二时期，课堂主要是老师传授，我们认真地吸收知识的形式。到了高三，我们有了更多的自主学习时间，这时自律就极为重要了。

其次，在高考中，语文分为论述类、实用类、文学类文本阅读，文言文，古诗鉴赏，默写，语言文字运用以及作文几大板块。老师会分别对这几大板块进行做题方法的总结，你们需要通过做题掌握这些方法。此外，我们还需对这些方法进行补充、梳理。我们熟练掌握这些方法后，做题速度也会有一定的提升。

再次，说说文言文，这想必是许多人的痛点。关于文言文，文言字词、常识、句型是关键。对于文言字词，我们可以将课文以及题目中出现过的字词和文言常识进行积累记忆，掌握各种句型后，在考试时就不会有太大问题。

最后，就是考试中占比极大的作文了。作为一个理科生，我的文笔有限，相信大家也能通过这篇文章有所体会。所以在平时，我们需要多阅读、积累优美文章段落，多欣赏高分作文的立意，这对我们作文的提升会有很大帮助。

2. 数学

数学是一切的基础。如果数学不好，那么物理、化学等学科学起来通常也会比较吃力的。要学好数学，自律以及坚持是不可或缺的。那么，我们可以从哪几个方面提升数学呢？下面就来说说我的理解。

第一，课前预习与课后复习。这两件事是老师经常提起的，却也是大多数同学不以为意的。就拿现在的我来说，上了大学后，如果没有预习，上课时，我总感到云里雾里的；如果没有复习，我连上节课讲了什么内容都没有印象。所以我想说，所有的好习惯都应坚持，所有的陋习都应改正。当开始预习后，我发现许多问题都变得更加清晰明了，我相信当你们也坚持这种习惯，数学也会变得简单不少。

第二，多做题。学好数学，做题是根本。数学成绩的提升从不是一蹴而就的，而是一道又一道的题目积累而来的。课本上的题目尤为重要，许多高考题都是根据课本上的题改编而来的。

第三，关于做题方面的问题。高中时，老师常把题目答案直接拿给学生，但是当遇到不会的题目时，我们要先思考，实在解不出的时候，再选择研究答案或是询问老师和同学。最重要的是，不要过分依赖答案。

第四，错题本。错题本在我们的学习中占有极高地位，尤其对理科生来说是珍宝般的存在。我们不需要把所有错题都记录在错题本上，而是要有选择地记录。若是简单的题错了，我们只需记下题目类型并批注错误原因即可。对于不会做的题，我们需要着重标出，并对多次错误的题目以特殊符号进行标记。

3. 英语

英语的学习关键是做好读、听、说、写、练五个环节。

第一是读，我们每天早上都应抽时间大声朗读，以此来增强自己对文章的记忆。同时，我们要带着理解去读，而不能为了读而读。在朗诵的基础上，我们还要加以背诵，好的文章和高级的句型都应该背下来，在培养自己语感的同时将其运用到作文中，以此来提升自己的成绩。

第二是听。高中时期，我们主要通过学校购买的听力书练习听力，老师会将听力文件放在多媒体中，有条件的同学可以购买 MP3 并将听力拷贝到上面，并在空闲时间进行练习。

第三是说。在平时生活中，我们都是用中文进行交流，但是我们可以在听完听力后，通过对话的方式熟悉听力资料。

第四是写。在许多人心中，只要成绩够好，书写也就不那么重要了。但是如果一个人的英语水平和你差不多，但是他的书写比你好，那么他最终的成绩极可能比你高几分。所以，练字也十分重要且紧迫。

第五是练。在高三的时候，学校会发很多试卷，我们要把这些试卷充分利用起来。我们每一周都需要进行一定的练习，练习也分为两种：分模块练习和定时练习，但这也需要根据自己的情况进行安排。

4. 物理

客观来讲，我的物理成绩不算好，但综合其他人的学习方法我还是给出一定的建议。

第一，课前预习。和数学一样，要学好物理，我们也是需要预习的，尤其是基础较为薄弱的同学，更需要认真预习，可以在预习的过程中将不懂的知识点进行标记，并在上课时着重去听。但是我们不能因为已经预习，就不认真听课。

第二，上课时，我们一定要认真听讲。在课堂上，最重要的是全神贯注地听课。不认真听课是大多数人学不好物理的原因之一。我也存在同样的问题，希望大家能够吸取我的教训，在课堂上一定要认真听课。如果你不是在物理方面具有一定天赋的话，那么在课堂上，就不要自搞一套，而是要跟着老师的思路走，提高自己的思维能力，并将知识结构以及较好的例题记录下来作为自己的笔记。

第三，及时巩固所学的知识，如果不及时复习课堂上所学的知识，你的学习效率也会大幅下降。

第四，做题。物理作为一门理科学科，做题是必不可少的，所做题目的数量和你的成绩也是有很大联系的。顺便提一句，物理题目需要我们独立自主地完成。

第五，整理错题。我们要总结自己错误的原因并记录下错题，然后在考试前或复习时仔细阅读。

5. 化学

首先，高中化学的知识点是极其琐碎且分散的，所以我们需要对所学知识进行板块化的总结，比如，通过画思维导图将知识串联起来。

其次，化学的基础是对化学原理的理解，即对化学方程式的理解。

不管是哪次考试，化学方程式都是必考题，而如果你不会写化学方程式，就会丢掉好几分。并且，化学方程式会将整个流程题串联起来，如果你不会，思路就捋不清，题目自然也就不会做。在这里，我提一个小小的建议，可以将经常出现的化学方程式和其反应原理理解并背诵下来。我相信，许多同学对化学是否需要背诵有很大疑问，在这里，我想说化学也是需要背诵的，化学物质的俗名、做实验的步骤等都是需要我们记住的。

最后，化学还需要注重常识。我仍记得在高考前的一次化学考试中，我取得了年级第一的好成绩，那次化学考试时，我的大题都计算正确，但在一个十分简单的选择题"摔跤了"，而这样的粗心也在我高考时体现出来了。平时考试时，在化学学科上我经常名列前茅，但高考时我的化学考得不如人意。所以，我想说，学习化学一定要注重基础和常识，在高考前一定要把教材过几遍。

6. 生物

生物知识的学习与化学知识的学习有相似之处。学习生物知识时，最重要的也是课本，我们在课上需要理解所讲的知识点，并在课后进行复习。在学完一个章节时，我们需要梳理所有的知识点，以网状结构来将所有知识点联系起来。虽然生物是理科学科，但是它也是需要背诵的，考试时可能会出现书中的原话。

7. 考试

以上便是我高中几年来所总结的学习方法，希望能给你们带来一定的帮助。接下来，我还想说说有关于考试这件事。考试的成绩取决于两点，一是你们的知识储备，二是你们应试的心态。考试前适度的紧张可能让你超常发挥，但是过度的紧张可能让你发挥失常，而这种情况尤其体现在中高考的时候，所以在考试前和考试过程中，不要一直想着考差了怎么办，遇到不会做的题也不要慌张。不管遇到什么问题，我们都要让自己沉着冷静，不要让自己多年的努力功亏一篑。

三、大学生活

刚进入大学，我的心情是激动又复杂的。激动的是我终于成功地进入了大学，复杂是因为对学校里的人和物都不熟悉。但令我很高兴的是在一天之内我就认识了三个不错的朋友。而后其他三名室友也先后入校，我们四个人之间的相处是十分和谐的。所以只要做到真诚待人，一般来说宿舍的关系还是比较融洽的。此外，我想说，在空闲或者高考后的暑假时，可以学习一下办公软件的知识以及摄影等方面的技术，这对你大学的生活有很大益处。无论你们是想要当班委、加入学生会、成为社团干事，还是在平时的学习生活中，这些都能发挥极大作用。当然，大学生活必然还是以学习为主的。当我刚接触大学的课程时，我发现无论是所学知识还是老师的教授方式都与初高中有极大不同，因此就不太适应大学的学习方式，但只要通过一定的调整，也就会逐渐适应。

四、以梦为马，不负韶华

很高兴能够以你们学姐的身份写下这篇文章。过去，我也曾在长赤中学度过了难忘的几年，在那几年里我哭过也笑过，离开后，心中同样是十分不舍。在大学里，我也怀念着我青春绚丽的高中生活。高中时，我常看见这样一句话——"以梦为马，不负韶华"，现在，我将这句话也转送给你们。在未来的日子里，愿你们如树苗般茁壮成长；愿你们生活幸福，学习顺利；愿你们永不被困难所打倒；愿你们珍惜身边的每一个人；愿你们永记"我们的未来是星辰大海"。祝你们前程似锦，金榜题名！

一个普通人的成长历程

孟秋苋

孟秋苋

【个人简介】孟秋苋，男，2022年考入山东大学计算机科学与技术学院。

一、成长经历

依稀记得在我刚上高中的时候，学校就给我们发了《走在青春的路上》一书。当时在品读该书的时候，我就非常仰慕那些书中的同学。转眼间几年时间过去了，却不曾想到自己也能有机会在这里和各位学弟学妹们分享我的学习方法与经验。其实，就如标题而言，我既没有太多高超巧妙的方法，也没有无与伦比的天赋。在我回想了整个高中生活后，我觉得是我的学习习惯与对于学习的心态帮我考上了心仪的大学。

二、学习习惯

俗话说得好："工欲善其事，必先利其器。"一个良好的学习习惯就是我们取得好成绩的利器。良好的习惯对于一个人的成长有着重要的作用，尤其是对于中学生来说，养成良好的学习习惯更可以让我们在学习上事半功倍。叶圣陶老先生也曾说过："教育是什么，往简单方面说，只需一句话，就是养成良好的习惯。"那么，日常学习中应注意哪些习惯呢？从我的经验出发，我觉得我们可以把以下几个方面做好。

1. 认真预习

每学习一节新课前，我们要先预习一下要学习的内容，要仔细读教材，对教材的内容、重难点、新旧知识的联系等内容做到心中有数。

2. 上课认真听讲

虽然你在上课开小差的时候感觉很爽，但是当你课后再去补救的时候就会很难受。在上课的时候，我们其实不一定要把老师讲的每一句话都听清楚，但是对于老师的思路我们必须好好理解。

3. 仔细审题，认真计算

学习理科离不开解题、计算。审题务必仔细，看清楚条件、要求是什么，这是正确解题的基础。对于计算题，我们更要仔细认真，不要怕麻烦，重点关注符号、单位的变化，做完后要验算。

4. 独立完成作业

作业是巩固所学知识、形成技能技巧的重要手段。我们要在写作业时集中精力，独立认真完成。

5. 练习书写

书写是否认真工整，不仅会影响学习成绩，也会影响今后的工作态度。因此，在平常的学习中，无论是平时作业还是各类考试，无论是汉字英文还是笔画数字，我们都要认真书写。

6. 多多思考，多多总结

在各科的学习之中，我们不可避免地会遇到很多我们一时难以解决的问题，对于这些问题，我们一定不要马上就去问别人，或者是上网找答案，这对于你的成绩提升真的没什么帮助。正确的做法是尽自己所能去思考这个问题，就算是要寻求他人的帮助，也要从自己思路卡壳的地方下手，之后也不要忘了总结。这样我们才能有所收获，有所提升。

以上就是我对于学习习惯的分享，希望对各位学弟学妹有所帮助，下面我会从各科来介绍我的学习方法，方便大家"对症下药"。

三、学习方法

1. 语文

老实说，语文是我高考考得最差的科目了，记得分数只有 100 分左右。我实在是有点不好意思来分享语文的学习经验，我也只能尽我所能来给大家讲几句。

语文学习是一个长期积累的过程。我在高中时，曾经组织了一个语文小组来练习语文。

首先是基础知识，基础知识是必要的。基础题即选择题的前六道。基础知识的积累是没有捷径的，需要我们踏踏实实地积累。

其次是阅读部分。阅读不外乎就是古文阅读和现代文阅读。古文不外乎就是考两个方面：一是基础知识，二是对课文的理解。前几道题通常是考古代多义词如之、乎、者、也等，这就要求我们要把那几个字和词弄懂。因此，多读些古文是很有必要的。当然，我们也要多读点人物传记，要特别熟悉那些文人墨客，至少看到一首诗时，要知道是谁写的。对于现代文阅读，最重要的当然是主体，这是答题的轴心，其次是结构、修辞手法及其作用。

最后是作文。刚开始的时候，我的作文成绩只有 40 分。通过练习，我的作文成了老师逢考必念的了。其实我这人基本没有什么文学细胞。阅卷老师如何在极短的时间内判断一篇作文的优劣？就是在可能出现闪光点的地方看你到底有没有闪光点。我们要做的就是知道得分点是什么，然后把它们写在最显眼的地方。我练习作文的时候是分部分练习的。最重要的是构思，构思时只需要比别人想得深那么一点点。然后是标题，一个好的标题能给老师留下很深刻的印象，这个需要花点功夫。接着是开头，一个精彩的开头可以加分不少。此外还有结构，这就意味着你的每段开头句，即分论点也很重要。结尾也是点睛之笔，我们可以找一些让人印象深刻的结尾，并学习其写作方法。

2. 数学

对于这门学科，我想我应该有些发言权了，我想给大家提以下几点建议。

第一，一定要舍得在数学上投入时间。我们要在预习、复习整理等各个时间节点投入足够的时间，相信付出一定有回报。这里尤其要提一下高三，高三各科的强度会加大，尤其是文综、理综会占据大家很多时间，这个时候一定要保证对数学的投入时间，该完成的习题、该整理的知识点和经典题集一定不要落下。

第二，在课堂上一定要全神贯注地听老师的讲解，及时做笔记，注意重点要记的是知识要点和一些经典解题思路，比如，在做解析几何时，要总结根据斜率存在与否设直线方程的方法，使解题更严密。更要注意的是，不是机械地听和记，数学是个注重思维的科目，因此要紧跟老师的思路，与老师互动，比如，跟着老师说解题过程，或者积极回答问题。让自己的脑子动起来，这样做也能更好地集中注意力以及加深自己对知识的理解和掌握。

第三，下课后要第一时间对课上所学知识进行复习和回顾，哪怕用刚刚下课后的几分钟把上堂课讲的内容再浏览一遍，也十分有效。同时，建议大家对老师讲解的例题和自己做过的典型题目、做错的题目，再做一遍并整理到专用的本子上。

3. 英语

其实英语的学习与语文差不多，也是一个路漫漫的积累过程。我给大家几点建议吧！

第一，不会就查字典。"工欲善其事，必先利其器。"我们一定要随身携带字典，遇到不懂的可以及时翻一翻、看一看，这样才会取得进步，正如有这么一个说法：一个人用不用功，就看他的字典脏不脏。

第二，不懂就及时提问。很多人常有个毛病，就是在公共场合之下，听不懂也不敢举手发问。有的知识是互相关联的，一旦一个小知识点弄不懂，就无法做到融汇贯通。

第三，常看外语电影。看电影时最好的办法就是挡上字幕，想要听懂电影上的人在讲什么，需要有超强的听力和理解力，不过这对于想学外语的人来说，无疑是一个很好的考验。刚开始的时候，你也许会跟不上或者听不懂，但是你可以将听不懂的字句先抄在纸上，再去查字典或是问老师，多听就会渐入佳境了，而且还可以纠正自己的发音。

4. 物理

物理这门学科和数学有点类似，也是需要大家重点花时间攻克的科目。有人说攻克了物理，高中理科就成功一半了。其实虽然物理作为高中很多人都害怕的科目，但要学好它也是有迹可循的。

第一，深度理解公式和概念。有的同学在学习物理的时候，通常是把公式和概念背下来，然后在做物理题的时候，直接把公式套用进去，但其实很多同学都没有深刻地理解物理公式和概念。我们在学习的时候，一定要深刻地理解物理公式和概念，才能更好地掌握知识。

第二，提高知识运用能力。有的同学在学习物理知识的时候，不知道应该怎么熟练地运用自己所学的知识，也就无法取得好成绩。所以我们在学习物理知识的时候，一定要学会应用公式和定理。

第三，注意观察。有的公式和定理就是从实验中得出来的，所以我们必须重视物理中的实验，这样才能使我们对物理知识的记忆和对公式和概念的理解更加深刻。

第四，学会总结。我们必须要学会给每个章节做一个总结，知道这章讲的内容、重点。我们还要给自己做一下总结，明确还有哪些地方是需要改进的。

第五，要有信心。物理虽然是高中最难的科目，但是我们在学习的时候也要有信心。有了信心，我们才能将物理学好，成绩才能提高。

5. 化学和生物

为什么把这两个学科放在一起说呢？因为我认为这两个学科在学习方法上有许多的共同之处。首先就是要熟记书本上的内容，不论是化学方程式还是生物课本上各个章节的内容，我们都应该了然于胸，这样我们才能在答题的过程中得心应手；其次就是要多总结，对于自己做错的题最好把它们记在错题本上，以确保自己不会在同一个地方摔倒两次；最后就是积累经典题型，化学和生物都有许多经典必考题，需要我们多加积累。

四、学习心态篇

谈到了考试，心态是我们逃不开的话题。对于平时考试，大家可能都感觉还好，但是到了高考的时候，不论你心态多么强大，都或多或少会有一些紧张感，大家也不必焦虑。如果考前实在太焦虑，大家可以试试下面几个方法。

（1）睡前冲个澡。如果条件允许，睡前不妨冲个热水澡，不仅能够消除疲劳，也能够缓解焦虑，有助于睡眠。

（2）做一点运动。早晨早起十五分钟，我们可以做一些诸如慢跑、散步等有氧运动，忘掉前一天的不愉快，告诉自己"要相信自己"。

（3）听一听音乐。学习疲劳时，我们可以听一听悠扬、舒缓的古典音乐，借此稳定自己的情绪，切不要听曲风劲爆的流行音乐。我们可以边听音乐边洗澡，或者是做一做室内运动，但要注意：不可一边学习一边听音乐。

五、大学生活篇

大家是不是都以为上了大学之后就轻松了呢？小的时候我们常听老师和父母说这样一句话："你现在好好学习，等上了大学之后就轻松了。"可是真当我高中好好学习考上大学之后才发现，考上大学只是一个新的起点。在大学里，你有时可能会感觉比高三还难受，但这没有办法，既然选择了这一条路，就算咬着牙也要坚持走下去。对于大学生活，我想谈谈以下几点心得。

1. 一定要去图书馆学习

大学里，你会发现在寝室里，几乎没人学习，大家在寝室无非就是在追剧、聊天或者打游戏，如果这个时候你非要在寝室学习的话，有可能不仅学不进去，还会被你的舍友戏称为"卷王"。所以如果你真心想要学习，请一定去图书馆。

2. 不要随波逐流

大学里的活动、社团、竞赛有很多，在面对这些的时候，一定要想清楚自己的兴趣是什么，自己到底要去参加什么。我们不要随波逐流，否则有可能最后我们什么都没有收获，这才是最让人难受的。

3. 善于利用网络资源

这里主要说两个网络资源（我感觉好用的）：一个是中国大学慕课（MOOC）平台，一个是背单词的软件。我是从大二才开始用大学 MOOC 平台，相见恨晚，里面有许多学校的教学视频以及课件，如果你想提前把课程学完，或者是想学习上课没有听懂老师讲的内容，这个软件几乎可以满足你的一切需求。

4. 学好数学（主要针对我这种学工科的）

简单来说，就是要学好高等数学、微积分、概率论、线性代数以及复变函数等课程。你会发现数学是一切课程的基础。哪怕你以后想转专业，很有可能都离不开数学，那为什么不提前把数学学好让以后有更多选择的机会呢？

六、心之所向，素履以往

最后，我想以曾激励我的一段话来勉励大家："凡是心所向往的地方，即便穿着草鞋也要前往。生命犹如逆行之旅，即便只有一叶扁舟也要向前航行。人这辈子，不管你想要得到什么，你心中所想是什么，你的志向在何方，都必须要以一颗艰苦朴素之心去对待。就如，'天地一逆旅，同悲万古尘'一样，我们每个人都如在湍急的河流上驾驶着逆流而上的小船，所以人活着，必须要有许多烦恼和困难，就如逆水行舟一样。我们要以一颗坚定的恒心，面对人生所有的困难，便会很容易到达超脱的彼岸。"愿大家都能到达自己心中的彼岸！

一个普通人的感想

赵 静

赵 静

【个人简介】赵静，女，出生于南江县长赤镇，2022 年考入南京大学。

当我坐在电脑前写下这篇文章的时候，往事如行云流水般在脑海中浮现，那些过去的日子如今回忆起来竟有些不真切了。事情该从何说起呢？其实我也不太清楚，只希望在这零散的旧日碎片里，我能拨弄出一二尚可借鉴之处，以尽微薄之力。

一、行百里者半九十

1. 学习态度

回想起在长赤中学的求学经历，其实感慨颇多。我最遗憾的事情，可能就是没有很好地摆正自己的心态。在复读的时候，我其实一次又一次崩溃，崩溃的累积造成心态的浮躁，以至于反省的时间往往被灰暗的情绪悄悄遮蔽。所以我想告诉你们的就是：要摆正自己的心态。高三的学习压力很大，作为经历过两次高三的人，我想我是可以佐证这一点的。

我们需要明确的是，对绝大多数人来说，学习从来都是一件枯燥的事情。所以学习的时候，我们一定要静得下心、专心致志。其实当你有这个认知的时候，就可以保证很多时候的学习状态了。

此外，当遇到一些因学业上的挫折而导致的心绪波动时，跑步、听音乐、写日记和阅读都是愉悦身心的行之有效的方式。个人建议不必追求多样化、趣味性的娱乐方式，这样只会让自己分心。

2. 学习方法

（1）语文。语文不是一门玄学，它是有自己的一套逻辑和方法的，通过大量书籍的阅读来积累文学素养固然有效，冲刺提升的方法也未必无效。如果尚还处在高一、高二学习较为轻松的阶段的学生，可以为自己制订读书计划来提升自我；若是已经在读高三了，这个方法的效率太低了。同时，我们还可以适当借助哔哩哔哩网站的资源，此处不做赘述。关于作文的提升有以下三种方法：一是每天记住一个好的句子即可，不求量多，但务必记牢；二是保持每天写日记的习惯；三是使用一些比较有用的媒介。

（2）数学与物理。这两门学科都是很注重思维逻辑的学科，因此在此处一并强调。关于这两门学科的学习，刷题绝对不可避免，但是怎么行之有效地刷题还需要各位不断地思索、总结和改进。很多二级结论可以帮助我们提升做题速度，如数学的蒙日圆、椭圆计算公式以及圆锥曲线的一系列结论。

（3）化学与生物。某种意义上来说，化学与生物的考查方式有微妙的相似性，其很多都是记忆力的考查。在生物考试中拿到满分固然不易，但拿到 80 分并不难。我在这里想重点讲一下化学，因为我的化学成绩也不是太理想，所以才更会在这里慎之又慎地劝诫各位一定要重视化学。如果在高一时不重视化学，后期我们很难得到提升，它的特点就是知识点杂而密集，重要知识点会被反复考查（完全值得积累分析）。

（4）英语。英语的题型包括听力、阅读理解、完形填空、填词、改错、作文等。我们要对各板块的考点有清晰的把握。听力考查的主要是对发音技巧和发音语调的掌握。平时的练习可以分为精听和泛听。阅读理解的题型也很固化，需要个人进行归纳总结（如大意理解、细节理解、观点考察和拟标题）并针对自己的薄弱点练习。完形填空常常会有熟词生义出没。填词和改错重点考查对语法知识的掌握。最后讲讲作文吧，一篇优秀的作文需要严密的逻辑和准确的词汇使用，我非常建议大家回归教材的文章，实际上教材里面的很多表达已足够出彩。

二、料峭春风吹酒醒，微冷

我觉得生活就是一种"微冷"的状态，没有猛烈的欢喜，也没有长久的悲伤，会带着一点现实的冷意，但是总还是要怀着一点早春的希望。

下面浅提一点建议吧。

1. 关注沟通交流的能力

在大学的时候，与人打交道的时间很多，如果缺乏沟通交流的能力，你就会错失很多信息。所以我们最好是在高中时就有意识地锻炼自己这方面的能力。其关键在于不要胆怯，要坦诚地表达自己的想法。

2. 一定要做好自己的职业生涯规划

如果想仅凭高考完的那几天去匆匆忙忙地了解一些模糊的关于大学报考的信息，那么录取的结果大多不会让人满意。我们可以从院校、地理位置、专业以及相关政策四大方面考虑，确定主要选择因素后，还可以在一些官方网站查询大学学科排名；也可以在对应学校的官网（网上办事厅）寻找对应专业的培养方案，通过关注其官方的微博和微信公众号查看就业情况等。当这些都足够清晰，努力的方向就会很明确，我们进入大学时也就不会迷茫。

你一定要清楚，你现在走的每一步都在为以后的自己铺路，你现在的每一个决定都影响着你以后的高度，从此以后的路没人可以帮你走，所以请一定全力以赴。

给亲爱的同学们

张人匀

张人匀

【个人简介】张人匀，男，来自长赤镇苟林村，2022 年考入武汉大学。

一、学习经历

刚进入高中时，我的成绩并不算优秀，入学成绩在班级位列第十。但在高一第一次月考中，我考进了班级前五名，此后我的成绩一直稳中有升。到了高二下学期，我已经能够稳定在班级前三名。

可能很多同学认为：考上好大学的人都是学霸，他们从一开始就更聪明，他们学习新知识也更快、更轻松，他们的成绩一直都很好，从来不会因为学习而烦恼，他们最终都会如愿去到自己心仪的大学。

但是，我没有告诉你的是，我也曾犯过很多错，也曾遇到过很多困难与挫折，我失败过、跌倒过、痛苦过、迷茫过、挣扎过……

高三那年，高考一天天临近，而自己的成绩依然提不上去时，我开始慌了。那时我觉得老师上课时讲的内容自己都会了，于是便开始自己刷题。但我刷题时，时常不能完全集中精力，始终担心自己还没有把时间利用好；做题时，往往一扫而过题目，连题意都没搞清楚便开始匆匆答题，只为了提高解题速度；复习时，只是草草翻阅资料，从不肯花费时间和精力来深思一个没吃透的知识点，只为了提高复习效率；很难专心于当下正在做的事，总想着赶快做完这件事，以便开始做下一件事……当时的我以为自己充分利用好了时间，后来才发现，那些不过是浮躁的表现罢了。

2021年高考，我考得很差。公布高考成绩的那天，我一个人坐在操场上，在看到成绩的一瞬间，万般思绪涌上心头。烟花在这座小镇的上空绽放，我跟其他人一样，抬头望着天空。烟花落尽，人群散去。懊恼、失落涌上心头，当时我想：我不甘心，我要明年的烟花为我而绽放。

是的，我选择了复读。

我花了很长时间才接受这个结果，我身边的同学一直安慰我说：你的实力远不止于此，可能是因为考前彻夜失眠，可能是因为你的状态不好……其实，我一直都清楚考试失败的真正原因，是我太浮躁了，我从来没有做到脚踏实地，从不敢直面自己的问题。

复读，不仅仅是做个决定这么简单。随之而来的，是压力和挑战。

看着曾经的同班同学陆续收到录取通知书，而自己只能坐在教室内埋头做题，我的心中难免失落；看着已经学过一遍的知识点，我的内心难免感到厌烦；堆积成山的试卷与作业，仿佛永远做不完；花了小半节课才勉强算出来的数学题，却与答案相差甚远……

接连几次考试失利，让我的心情跌到了谷底，我开始怀疑自己当初的选择是否正确，但我还是选择了坚持，并且熬过了艰难的时光。我尝试着改变自己心浮气躁的毛病，强制自己专注于当下的学习，不再做无谓的空想，而是静下心来思考每一个问题。

如你所见，我和大多数人一样，会遇到无数的困难与挫折，也会陷入困顿与迷茫。但是，真正可怕的不是成绩不再优秀，而是斗志不再昂扬。真正支撑我走过低谷的，是内心那个打不败、压不垮的自己。

每个人都会失败，在这之后，我们会面临两个选择：接受它，或者弥补它。

2022年高考，我的成绩依然不够理想。但是，这一次我选择坦然接受，接受这个不完美的结局，接纳不完美的自己。

在那一年中，我经历了太多挫折与磨难：爬上过山巅，也跌入过谷底。我也收获了很多，不仅仅是成绩的进步，还有心态、思维、习惯上的改变，而最重要的，是我重新认识了自己。

2022年高考成绩公布的那天晚上，我不在长赤中学，我虽未能亲眼看到长赤中学的烟花，但我确实听到了它为我而绽放。

二、学习方法及经验分享

1. 思考。多花时间和精力把公式和定义理解透彻，要深入思考它们有什么用、该怎么用，切忌浮于表面、一知半解。这个过程可能很枯燥，但非常重要，对知识的掌握程度决定了你的成绩。

2. 刷题。关于刷题，我之前看过一个很贴切的比喻：学习就像在房间里跳高，刷题能提高自己的跳跃能力，而对基础知识的掌握程度决定了天花板的高度。换言之，刷题能让自己接近自己的能力上限，而基础知识决定了自己的能力上限。

3. 反思总结。反思总结不是在考后写一句状态不好、粗心，也不是把错题工整地照抄一遍就可以了，而是要沉下心来深入思考、逐步分析具体哪一个环节出了问题。以物理为例，一次简单的受力分析错误，反映的问题可能是自己做题习惯不当，或者是省略了一个核心步骤，这样的错误看似微小，实则致命。

4. 不要假装努力。真正的努力不是挑灯夜战，而第二天无精打采；也不是刷一大堆过于困难或过于简单的题目，而是花精力去研究那些接近或者稍稍超过自己能力上限的题目。

三、个人感悟

1. 在繁忙的学习生活中，适当的放松很有必要。我们要找到一些自己真正喜欢的事情，或者培养一项可以长期坚持的兴趣爱好，这对我们的生活有莫大的好处。高中时期，每周六晚上，我都会尽情地踢上好几个小时的足球，结束之后再和三两好友坐在操场上畅谈，在这个过程中，我不用去想学习的压力，我只需要尽情地享受运动带给我的快乐。

下晚自习后，我喜欢在操场上跑步。跑道上的同学，有的跑得快，有的跑得慢；有的跑得很轻松、步子迈得很大，也有的跑得很吃力，步幅很小。学习和生活就像跑步，一路上我们会遇到不同的人，有时候我们身边会有很多人陪我们一起跑，而有时候我们只有孤身一人。其实，我们只要选择走上跑道，并且按照自己的方式和节奏前进着，就已经成功一半了。

2. 学习是一个漫长的过程，在这个过程中，我们很可能陷入迷茫，因此，我们需要找到前进的方向和动力。我喜欢李白，世人皆知他的随性，却很少有人知道他的失意，在看遍世间冷暖、人生百态之后，他依然要告诉全世界：人若失去念想，就会沦为庸者。

四、关于长赤中学

我无法否认，我们山区的教育资源与发达地区的教育资源有一定的差距，但是长赤中学却带给我很多特别的收获与感受。我们这些农村的孩子，靠着自己的努力走出大山、考进国内顶尖的大学，靠的正是我们不服输、不怕苦的精神。我想，这种强大的精神力量正是长赤中学给予我们的最宝贵的人生财富。

长赤中学见证了太多学子的成长，它也正在朝着更好的未来迈进，它永远在这里，承载着我们的专属记忆。

在我眼中，长赤中学是一所有魂的学校。

五、想对同学们说

大学有更多的自由、更多的可能、更多的未知与挑战。你们一定要加油，要相信自己。你们要意识到，未来就在自己手中。所以，你们要好好把握机会、把握当下。

或许，青春本身并不代表什么，但年轻的脸庞至少还在提醒着人们：一切梦想都还来得及实现。纵有疾风起，人生不言弃。你们正年少，这便是你们的优势。

不做写满字的纸，去做孤天里的鹤。

长风破浪会有时，直挂云帆济沧海。

希望你们有朝一日能站在自己心仪的大学的门口，说出那句话——这不是我梦想的大学，这是我的大学。

常想一二

周星宇

周星宇

【个人简介】周星宇，男，来自四川省南江县红光乡玉白村，2018 年考入华南理工大学。

人生的磨难是很多的，所以我们不可能对每一件轻微的伤害都过于敏感。在生活磨难面前，精神上的坚强和无动于衷是我们抵抗罪恶和人生意外的最好武器。

——约翰·洛克

我出生在农村，父母都是农民，我的家境并不优渥。从小，我的长辈们都鼓励我好好读书，因为读书是改变我们农村孩子命运的最佳道路。所以小学时期的我求知若渴，我的成绩一直在年级名列前茅，我的学业也顺风顺水。但升入中学后，我遇到了不少困难，也走了不少弯路。

在我看来，初中和高中就是一条为高考而战的漫漫长征路。这条路可以说是"荆棘丛生"，一路上有很多困难：各科繁重的学习任务、十分匮乏的休息时间、来自周围人的压力等；也有各种不良诱惑：游戏、电视甚至是早恋。这些困难和诱惑都会消磨人的意志，让人渐渐地失去动力。每每面对这些困难和诱惑的时候，我都会想一想父母为了自己有多么辛苦，自己来到这个地方是为了什么，我会提醒自己唯有保持清醒和坚强，才能克服一切困难。

虽然整个中学时期的经历对个人来说谈不上成功或者失败，但现在回想起来，最能让人感受到挫败感的就是在考完试后公布成绩的环节。虽然偶尔的考试失利是正常现象，但如果接二连三地考试失利、达不到目标成绩，我们可能会怀疑自己的努力是否值得，可能会感觉看不到自己的未来，有时甚至想要放弃。我认为这可能就是对于一个学生来说最难过、最黑暗的时刻。这时，我们可以敞开心扉与老师交谈，老师是黑暗中的一盏明灯，他们不仅会传道授业解惑，还可以教会我们如何保持坚强、战胜挫折。人生的磨难有很多，我们不应仅仅因为考试失利就妄自菲薄。时间是很宝贵的，与其太过在意失败，把时间浪费在自我怀疑上，不如反思原因、裨补缺漏、更加踏实地学习。

高中时，老师让我们写下自己理想的大学，然后把它粘在教室内外的墙上。虽然我没有实现当初的目标，但它却是一直以来鞭策我不断奋斗的动力。人生这条路上，没有人知道下一步是什么样的。在步入大学之前，我一直认为自己会学习理工科，没想到后来会进入一个文科的专业领域。所以我认为，虽然有些事会阴差阳错地改变一个人的人生轨迹，我们的目标或理想不一定都会实现，但它至少会让我们更加坚定自己的信念，让我们的每一步都走得踏踏实实。

"人生不如意事十之八九，常想一二，不思八九，事事如意。"求学之路，道阻且长。我希望所有长赤中学学子能够在这条奋斗的路上，不要拘泥于一时的得失而陷入悲观或绝望的境地无法自拔，而要以乐观积极的态度走向最终的成功。

水到渠成

王　彤

【个人简介】王彤，男，来自四川省南江县红光镇，2021 年考入清华大学。

王　彤

一、序言

初中的时候，我第一次接触到《走在青春的路上》一书。这本书记录了我们长赤中学很多考入名校的学子的求学经历。这些"传奇"故事给当时的我留下了深刻的印象，我在这些故事中学习到了很多宝贵的学习方法和心态调整方法，在我迷茫的时候，我也通过这本书找到了前进的方向。当时的我在想，等我考上大学了，我也一定要把我的名字印在这本书中。终于，这个机会来了。在这里，我希望能和大家分享我的故事。

二、求学经历

我从初中开始就读于长赤中学。当时的我对未来充满憧憬。初中的生活很快过去了，经过初中三年的历练，我顺利升入长赤中学高中部。

高中的四年对我来说其实压力很大。记得刚上高一的时候，我的班主任袁清平老师给我们班每一个人都发了一张卡片，让我们写下自己的目标大学和对三年后的自己的寄语，我当时便写下了我的理想大学——清华大学。

整个高一阶段和高二第一学期，我都是挣扎着过来的。高一第一次月考中，我的物理成绩只有70多分，数学成绩和英语成绩也只有100分出头，这和我的理想分数相差很多，这让我受到了很大的打击。我想考到自己的理想分数，为此我做了很多努力：我在晚自习下课后继续在教室记单词；我午觉只睡20分钟，睡完立马去教室学习；周六放假时我白天仍然在教室学习，到晚上才搭车回家……我以为努力便有回报，可结果不尽如人意：我的物理成绩还是会有不及格的时候；数学成绩还是会有只达到平均分水平的时候；英语的完型填空题还会错很多……经过老师们的开导，我明白了我现在还存在很多问题，我需要去发现并解决这些问题，需要虚心向他人学习，需要和同学们交流沟通。于是，我重新沉下心来，踏踏实实地学习，慢慢地发现问题、解决问题，慢慢地进步。

学习过程中总会遇到一两个很难解决的问题，我在高三那年也面临了这样一个问题——做题速度太慢。上了高三以后，考试越来越多，每科考试的综合性和难度都大幅上升，特别是理综，理综的考试时间缩短了很多，这让我非常不适应。但在经过一年的训练后，我摸索出了适合自己的做题顺序，一定程度上解决了我做题速度慢的问题。另外，我还有个不好的习惯——做一个题会反复检查、验算三四遍，这非常耗费时间，也导致了我常常没时间做数学压轴题、没有足够的时间构思英语和语文作文。后来我逐渐在平时做题中养成自己做一道题便验算一次的习惯。

当我以为我可以顺利拿下高考时，现实给了我重重的一击，或许是因为紧张，或许是"老毛病"没有得到根治，最终我的第一次高考失败了。

高考失利之后，我想要逃避，不想再战了。但我深知我是不想放弃的，只是不敢面对自己的失败。当天晚上我没有急着做决定，而是放下了长久以来的焦虑，静下心去看了电影《肖申克的救赎》，里面有一句话令我记忆深刻：Hope is a good thing, maybe the best of things and no good thing ever dies. 希望是一种美好的事物，也许是最美好的事物了，而美好的事物永不消逝。我之所以不敢再战，是因为我没有足够的勇气，我害怕失败。但是不试试又怎么知道自己不行呢？因此我重新拾起再战的勇气。

高四是最难的一年，也是收获最多的一年。这一年我不再去想我能考上一个怎样的大学，我只想着踏踏实实地做好每一个题、背好每一个英语句型、记住每一个错题。我每天在题海中奔涌着，虽然很苦、很累，但有希望的人是幸福的。一年的时间很快就过去了，我再次坐在那个陌生又熟悉的考场，我不去想考完这场考试我将有怎么样的未来，我只是做好一个全神贯注的考生，我用尽所有的努力，目的只是做好每一个我能完成的题。公布成绩的那天晚上，当班主任袁清平老师打电话告诉我成绩的那一刻，我知道，这一年是值得的！

春华秋实

我想在这里告诉所有正在复读或者未来可能像我一样在高考后难以决定复读与否的同学：如果你对这个结果还不够满意，就大胆地去尝试复读，不要去想一年后会有怎样的结果，你首先要做的是相信自己、相信天道酬勤，要做好一年的规划，尽最大的努力，一切都会水到渠成。一年的时间很短，但只要把握好这一年的机会，它将会成为你最宝贵的回忆。

三、学习经验分享

语文学习重在平时的积累，多读一些好书、多进行一点思考、多积累一些句子终归是好的。虽然高中生活很忙碌，但每天进行一定的阅读是很必要的。在积累课外知识的同时，我们也要记住最基本的课本上的东西。此外，要有好的书写，因为好的书写可以提高语文题目（尤其是作文）的基础分。

对于数学，要记好该记的基础公式，比如二倍角公式等。最好还要能记住足够多的二级结论，如椭圆焦点三角形的面积等，有足够多的二级公式储备可以极大地提高做题的效率。

英语同样重在积累。首先是单词，要把高考3 500词（或四级词汇）以及老师在课上讲过的补充词汇记好。其次是语法和搭配，可以用一个小本子记下课堂上讲过的和做题中遇到的不会的语法和搭配，早读课的时候就拿出来读一读、记一记。再次，书写也很重要，最好要有定期练字的习惯。最后是听力，听力的关键在于多练、多听。

对于物理，要多做题、多总结，要把课上讲过的所有模型都记清楚、记熟，因为考试是多种模型的组合。此外，考试中写清楚公式步骤也很关键，或许你不能完全弄清楚某个题，但是只要能写出必要的公式，也能得到一定的分数。

化学的知识点很繁多，需要一点一点地积累，只有见得多、记得多，才会在考试时得心应手。

生物学习重在记忆，记忆是基础，特别是遗传题等灵活的题型更需要有一定的积累。

总的来说，我觉得高中学习重在三个点：刷题、积累和总结。这是一个连续且不可分割的过程，不刷题就没有可积累和可总结的素材，不积累刷题的效率就会大大下降，不总结就难以使刷题的效果最大化。要想做好这三个点，就要学会整理错题，整理错题的习惯很重要，知错才能进步。但整理好错题后，要时常拿出来看一看，动手算一算，多思考、总结，这样才能更快地进步。

另外，我认为时间规划是很重要的，要有做时间规划的习惯。例如，每周六晚长赤中学会放假休息，同学们最好整理一个周六晚上的计划，如晚上 7 点到 8 点锻炼，8 点到 9 点刷题，9 点到 10 点回顾错题，10 点到 11 点读书、进行适当的娱乐。这个计划看似很简单，但这样一个简单的计划可以大大提高我们的时间利用效率。

四、生活与娱乐

高中不是只有学习和考试，我们还得享受生活，并进行适当的娱乐，但我不建议把大量的娱乐时间花在游戏上，当你花一整个晚上打游戏后，你会发现你收获的东西远不如看一部有意义的电影或者读一本有意思的书。我喜欢在洗衣服的时候听歌（但我不建议在学习的时候听歌，这会分散学习的注意力）；在傍晚的时候，我经常看科幻小说，如刘慈欣的《三体》和《球状闪电》，其实在看这些书的时候，我们也可以在不经意间积累很多好的词句素材，如"弱小和无知不是文明生存的障碍，傲慢才是"。另外，运动也是很重要的，我们每周可以抽出三四天晚上去跑跑步、出出汗。这些活动看似简单，却是很必要的。它们能帮助我们暂时缓解压力，为我们的学习生活增添一点亮色。

五、结语

我只是一个普通人，或者说我不是一个足够聪明的学生。我刚接触初中物理电学的时候也很迷茫，我刚接触高中数学压轴题的时候也不会做，我刚接触生物遗传题的时候也曾无从下手，我写不出完美无瑕的"衡水体"，我也写不出优美的语文文章，我不能保证在有限的时间内完成一套理综试卷，但我竭尽全力、踏踏实实地积累总结，用四年的时间才终于取得这不易的成果。我相信我能做到的事，你们也可以。只要你们相信自己，踏实努力，一年后或者几年后，你们也能见证自己的"水到渠成"，也能在长赤中学的操场上欣赏那只为你们而绽放的绚丽多彩的烟花。

最后送给你们一句当年颜校长送给我们的话："唯有自强不息，才有未来的无限可能。"

在不断学习中走好自己人生路

邹昌民

邹昌民

【个人简介】邹昌民，男，来自四川省南江县长赤镇和谐村，2021 年考入中国政法大学刑事司法学院。

四年前，我第一次翻开《走在青春的路上》这本书，阅读着学长们学习的心路历程；四年后，我在此讲述我的故事。我想在时间的另一端，你也可能正在阅读我的故事，但你的未来更精彩。

一、经验包含着最珍贵的学问

四年前，我第一次接触到《走在青春的路上》一书，从书中了解了一些长赤中学历年来优秀的毕业生以及他们的一些经验，但平心而论当时对我这样一个初中生并没有产生多大的影响。确实，现在的我也是这样想的，因为人的一生不具有可复制性，我们不能复刻他人的智力、人生挫折、家庭环境等，当然更重要的就是不能复刻时代大环境。但是从长远的角度来看，《走在青春的路上》这本书给我提供了很多帮助，在我迷茫时、在我身处低谷时总会在它那里寻找到一些有用的经验。

春华秋实

从实践与认识的辩证关系以及其方法论中，我们可以窥探到一些学习的方法：实践决定认识，是认识的基础；认识对实践具有反作用，正确的认识指导着实践；坚持实践第一的观点，同时重视认识的重要作用，做到实践和认识相统一。如果将考试和平时的练习类比于实践的话，那么学习的知识和方法就好比辩证关系中的认识。实践决定认识，对知识的掌握程度决定了一个人的学习方法，要看到自身不足，要脚踏实地地求知求学，不能好高骛远、眼高手低。关于学习的经验，我们可以通过自己探索或者请教他人（老师、同学）两种方式来获取，但是至于所谓的"经验"是否正确，依旧要放在实践中即考试或平时的练习中进行检验，最终选择最适合自己的一种方法。

二、挫折是坚忍最后的考验

首先，挫折是人生必不可少的导师，一个人只有经历挫折并且战胜挫折才能变得更加强大，所以需要明白的一点是：挫折是每个人从儿童到成人的洗礼，是无法逃避的，我们只有直面挫折才能继续前进。

其次，既然已经谈及了挫折的必然性，那么现在谈一谈挫折对人的影响。挫折最大的危害在于其会击垮人的自信心，会给人一种挫败感，会造成人心情持续低迷、学习毫无动力、上课无精打采，更严重的是挫折可能会造成恶性循环，学习状态不佳会导致考试结果不理想，考试结果不理想又增加了挫败感，使人丧失自信心。

最后，探讨一下如何积极面对挫折和如何从挫折中重新站起来的问题。第一，培养人的"钝性"。所谓的"钝性"是指怀有一颗平常心，不患得患失，要耐打、耐抗、愈挫愈勇、且败且战。至于如何培养人的"钝性"，这需要花费很长一段时间。简单来讲，如果想迅速培养"钝性"，我们可以在生活中人为地尝试一些比较困难的新事物，在这个过程中调节自己的心态，保证自己能够从这个挫折中走出去，在下一个挫折出现之时，我们会更加从容。第二，拒绝浮躁和功利，静下心来在挫折中韬光养晦。我们需要静下心来认认真真做一件事情。而对于大多数人来讲，静下心来认认真真做一件事情是很难的，我们的生活中充满着形形色色的诱惑和干扰，相对于人生的其他阶段，学生时代是一个相对单纯且顾虑比较少的阶段，因此"静心"对学生时代的我们来说还是比较简单的一件事情。那么在中学阶段，我们又该如何做到"静心"？我们可以尝试深呼吸，可以在人少的地方散散步，也可以坐在操场边抬头仰望一下远处的蔚蓝的天空。

三、自信

我们应该如何建立自信心？从个人的角度来讲，首先，我们要明白"金无足赤，人无完人"，每个人在各方面或多或少都有缺点，但同时，每个人也必然有自己擅长的领域。因此，我们可以在不太需要天赋的地方稍加努力培养自己所擅长的技能，只有自己所擅长的多了，才会变得越来越自信。

其次，我们要多尝试一些新的和相对容易的领域，通过自己的努力，在新的领域中有所收获，从而获得一种成就感，进一步激发自信心。

再次，正确对待他人的言论或看法，避免自己内心过度的"臆想"。有些烦恼是一种精神内耗，是自己给自己设置的一种烦恼。比如，你上台展示时出现了一些问题，引得同学哄堂大笑，在展示结束之后你可能仍然在想：我刚刚的表现不太好，会不会引发同学们的一些不好的看法？但事实上，台下的同学只会把这当作一个小小的失误或者一时的笑话，你的失误并不会在他们的记忆里留存太久的时间。

最后，一切的自信源于自身的实力，唯有不断尝试才能在更大的舞台上大放异彩。

四、思学结合

关于学习和思考的关系，其实古人早就给出了答案："学而不思则罔，思而不学则殆。"而二者的关系为何如此，下面我将简单地从自身经历和感悟方面来探讨一下。关于"学而不思则罔"的问题，我们常听老师讲："不要死读书，要多思考。"而"死读书"其实就是"学而不思"。苏格拉底曾言："未经审视的人生是不值得过的人生。"足见思考对于人生的重要性。"我是谁？我从哪里来？我要到哪里去？"作为人生导师的灵魂三问，也同样可以运用到学习当中去，在掌握一个知识点之前，我们应当先弄清楚三个问题：这个知识点的内容是什么？怎么推导出来的？怎样用到实践当中去？唯有把这三个问题做到心中有数，方可说掌握了该知识点。当然思考的价值不仅仅体现于中学阶段的学习，其更大的价值在于思考我们之后的人生道路怎样走才更有价值、更有意义。关于"思而不学则殆"的问题，"问渠哪得清如许，唯有源头活水来"，新的知识就是思想的水源，唯有不断拓展自己的学识，才能避免思想成为一团死水，才能使得思想之泉永远迸发出新的活力。

五、养成好习惯

习惯的养成"习之如登，弃之如崩"，一个良好习惯的养成看似简单，坚持下去却很难，就像我高中数学老师夏老师曾讲："把一件简单的事情一直坚持做好也是一件不简单的事情。""业精于勤，荒于嬉；行成于思，毁于随"，想要养成一个好习惯就必须要注意与之相关的每一个细节，倘若"三天打鱼，两天晒网"，则难成大事。若是需要养成多个习惯，我们又该如何呢？从个人角度而言，同时养成多个习惯有一定困难，我们可以选择其中较为简单的一个习惯进行坚持，在自己设定的周期内坚持简单的习惯，之后便可继续养成下一个习惯。

六、关于我的大学生活

首先，谈谈我的大学生活。印象中，我的整个大一学年大多时间都是在学校中度过的。总体来讲，大学生活比高中生活更自由且更精彩，也更容易在学校中遇到许多志同道合的好朋友。

其次，我们学校的绿化率很高。大一时师兄跟我说过，中国政法大学是北京市校园绿化率最高的学校之一，现在看来这一说法确实是中肯的。值得一提的是，中国政法大学的另一特色就是"考试月"，别的学校都叫"考试周",之所以中国政法大学将其称为"考试月",是因为考试的复习周期通常是一个月。

最后,总体来讲,大学生活既充满了快乐,又充满了痛苦,是多姿多彩的。欢迎师弟、师妹们报考中国政法大学,同时祝愿大家都有一个美好的未来!

相信自己，做自己最坚实的后盾

何松柏

何松柏

【个人简介】何松柏，男，来自四川省南江县和平镇，2021年考入上海交通大学医学院临床医学专业。

一、序言

人生没有白走的路，亦没有白读的书。我们要丰富自己、提升自己、超越自己，做自己最坚实的后盾。

二、求学经历

与长赤中学相遇只有仅仅不到一年的时间，而这段时间却在我的人生轨迹中留下了浓墨重彩的一笔。

2020年，我第一次参加高考，我对未来的生活充满了期待与向往，然而事情的发展并非在我的意料之中。一心想要成为一名医生的我误打误撞被录取到了电子信息专业，面对录取结果，我开心于自己终于可以进入期待中的大学生活了，同时也失落于这个陌生且自己不太喜欢的专业。回想曾经辛苦的学习生活，我选择了妥协，并如期进入大学学习，而这段大学生活仅仅持续了五天。在体验了几天的大学生活后，本该开心的我却是无比的低沉，我觉得自己并不属于这里。最终，我做出了自己人生中一个重大的决定——退学复读。一切归零，重新开始。

当我做出退学的这个决定时，我的家人们感到震惊与不理解。然而，每个人都是一个独立的个体，我们终将为自己而活，我们要有敢于追求梦想的勇气，也要有为自己的每一个决定买单的底气，我做出了这个决定，就要对自己负责。我的高中三年是在南江中学就读的，那里有我熟悉的环境、熟悉的老师和一些高考失利同样选择复读的老同学。然而我没有选择回到原来的学校复读，我选择了一个全新的环境，让自己可以在这里毫无杂念地学习和生活，而最终的结果也证明了我的这个决定是正确的。

2020年9月末，我与长赤中学相遇，我再次回到了高中的学习生活，自7月初高考结束，我已经接近3个月没有学习了。重新回到紧张的学习状态时，我感到既熟悉又陌生。回到学校不到一周，学校便进行了一次考试，这次考试用的是成都七中的原题。看着一张张试卷、一道道题目，我仔细在自己的脑海中寻找之前记忆过的知识点，想努力把试卷做好。然而毫无疑问，那次考试我考得一团糟。我陷入了自我怀疑的状态，我开始思考自己是不是做了一个错误的决定，如果我选择留在大学，会不会接受并喜欢电子信息专业了呢？然而事已至此，我没有了退路，只有选择相信自己，只能不断调整自己。

在老师的带领下、在自己不断做题练习与一次次的考试中，我慢慢地找回了曾经的状态。在每一次的练习与考试中，我都将自己的能力最大化地展现出来并总结得失，把自己调整到一个良好的状态。

时间过得很快，随着书桌里一张张试卷的堆积，一本本复习资料从空白到写满密密麻麻的知识点，倏忽间，我又迎来了再一次的高考。这一次，我拼尽全力，只为自己曾经奋斗过、拼搏过，最终无论结果好坏，我都选择坦然接受。当然，最终的结果也给我带来了惊喜。十几年的付出终于赢来了收获，而这一次，我也终于如愿进入理想的院校学习自己所热爱的专业。

三、学习经验与方法

在我十几年的学习生涯中，我将自己的学习方法归结于打牢基础、日积月累、熟能生巧。中学的课程学习比较固定与死板，无论是文科类课程还是理科类课程，我们需要做到的都是掌握最基础的知识点，反复练习并记忆。每个人的学习方法都不尽相同，找到适合自己的学习方法便是最好的。

对我而言，文科类课程更多在于积累、理解与记忆。无论是语文还是英语写作，我们都必须有足够的词语、句子积累量才能创作出一篇优秀的文章。在日常生活中，我们看到好词好句时，可以用一个小本子记下来，将其转化成为自己的东西。对于文章的阅读，我们需要有一定的理解能力，而这种理解能力的培养便是老师上课时教给我们的。因此，在课堂上，我们需要紧跟老师的步伐，学习相关方法，培养自己的逻辑思维。

对于理科类课程，我觉得更多在于记忆、理解与练习。理科类课程同样拥有很多知识点，计算公式、化学方程式等都需要通过我们的记忆去掌握。数学和物理需要我们通过题目的练习去寻找做题的思路与技巧，从简单做起，不断地提升自己；化学和生物更多的是实验探究性题目，我们需要理清思路、读懂题目，一步步地顺着题目的意思去作答，最终找到正确的答案。一切题目的作答，都需要自己有强大的基础知识储备，我们需要打牢坚实的基础，才能不断地提升自己的能力。我们需要有目的性和有选择性地做题，要让自己做的每一道题目都能够给自己带来不一样的收获。

总的来说，对于中学课程的学习，我们需要打牢基础、理解记忆、不断练习，日积月累，最终便能熟能生巧。

四、大学生活分享

我相信，每一个中学阶段的学生都有一个大学梦，并且心中都充满了对大学的向往与期待。大学的学习和课余生活确实较中学而言更加自由与丰富。

大学的学习，更多在于自我管理与自我规划。大学的课程多而杂，我们需要自己进行总结，才能更好地掌握专业知识。大学学习更多强调自我主动性，这里不缺乏展示才华的机会与舞台，只要我们自己有能力、愿意做，我们就能拥有一个丰富多彩的大学生活。

课余生活中，大学有更多的自由空间。我的大学在上海，上海一直以来都是一个充满"魔力"的城市。没来上海之前，我对上海的印象就是电视剧里面的车水马龙、富丽堂皇。当我第一次来到上海的时候，我被这里的一切震撼到了，电视剧里面的情景或多或少有修饰的成分，而这一切，也确实是真实存在的。这一年，我利用课余时间去了外滩，看到了东方明珠，欣赏了夜色下的黄浦江；我去了上海迪士尼乐园，体验了一次童话里城堡的生活；我还去了陆家嘴，体验到了快节奏生活的紧张。曾经只能在电视里面看见的种种，我都亲身体验了。我的生活不再局限于曾经那个小小的地方，我感受到了大千世界带给我的美好与惊喜。

虽然我们出生在小县城，但我们并不是一辈子局限于这个小地方，我们需要走出来，看看外面世界的繁华与精彩。

五、总结

青春是美好的，我们要学会在忙碌的学习生活中去发现快乐、寻找美好。学习是一种丰富自己、提升自己的方式，我们不仅要学习课本上的知识，还要学会如何在这个社会立足与自给，而课本上的知识往往是最简单的、最容易学会的。人生是一个不断试错的过程，我们不能害怕犯错，也不能避免后悔。我们能做的只是将一切产生的不利后果尽量地缩小。我们可以犯错，但是我们应该及时反思并改正；我们也可以后悔，但我们应该尽量抓住一切机会让自己不后悔，或者即使后悔，自己也要有能力与勇气去承担。生活是一个复杂的剧本，写满了惊喜与意外，无论如何，我们都要相信自己，永远做自己最坚实的后盾。

漫漫人生路，用你们的画笔去书写你们精彩的人生吧！

最后送给大家一句话："低头赶路，敬事如仪；自知自心，其路则明。"

心若向阳，无谓悲伤

陈 洋

陈 洋

【个人简介】陈洋，男，来自南江县双流镇红材村。2021年通过高考自强计划考入清华大学环境学院。

一、序言

很荣幸能和各位同学分享我的故事和经验，虽然我的人生并不精彩，但只要能够给同学们提供一点帮助，也算是有所贡献。

二、求学经历

我的小学和初中时期是在上海度过的。小学时，我并不算一个好学生，上课开小差、不写作业、沉迷游戏的毛病"一应俱全"，因此我常常在放学后被老师留下进行批评教育。到了初中，在班主任马老师的教育下我才逐步改正了不良习惯。回到四川，我在南江县双流镇九年义务教育学校度过了两年，后来选择就读长赤中学高中部。

　　进入长赤中学，一开始我怀着拥抱人生新起点的憧憬，丝毫没有意识到未来的困难和挑战。慢慢地，我遇到了很多挑战。在高一遇到的挑战是状态的调整和课程难度的增加。整个暑假的懒散生活让早睡早起和专心学习变成一种痛苦。在好不容易重新养成规律的作息时，我又发现高中的课程难度陡增，无论是英语课上的英语教学还是数学课上复杂的概念，都让我焦虑不安。可以说那段时间我是被赶着学习的，因此成绩在班上也是平平无奇。初中和高中成绩的巨大落差严重打击了我的自信心。期中考试后我才真正静下心来，一方面戒骄戒躁，接受自己当时的平庸；另一方面端正自己的学习态度，寻找适合自己的学习方法。努力总会有回报，在一点一滴的积累中我对高中的学习越来越得心应手，我的成绩也稳步提升。

　　在高二遇到的困难主要是学习生活中的迷茫。每天的生活都千篇一律：起床、上课、吃饭、睡觉，几乎过着宿舍和教室两点一线的生活。老师要我们写下自己心仪的大学，我却迟迟难以下笔，因为我对未来缺乏清晰的规划，最后只能草草写下中国科学技术大学。我的生活虽然千篇一律，但是我的情绪波动却非常明显。有时我认为自己在虚度光阴，应当发奋图强；有时我又觉得无论做什么都不能改变现状。这样的情绪波动也体现在学习态度上，我时常是"间歇性努力，习惯性躺平"。为此我只能一方面和老师反复交流，另一方面不断自我反省，才勉强消除了迷茫，明确了未来的规划。

　　到了高三，失眠的症状始终困扰着我。或许是因为大量的学习任务使得我心力交瘁，或许是因为查缺补漏却发现漏洞越来越多，或许是因为潜意识中对高考失利的巨大恐惧，拥有安稳的睡眠成为我的奢求。在较大型考试的前一晚，我甚至会出现晚上十一点上床，凌晨三四点才能入睡的情况。这就导致我整个高三时期几乎都处于神经衰弱的状态，这对我复习的积极性和完成度都产生了巨大的影响。浑浑噩噩地到了高考，我不出所料地在高考前一晚失眠。复习不充分加上考试时精神难以集中，最后的成绩也不尽如人意。

高考失利后，听着同学们一个个的好消息，我的内心十分煎熬，但我更多的是不甘心，我认为自己三年的努力不能化为泡影，我认为自己还有更大的提升空间。所以尽管父母不断强调复习的压力之大和第二次高考失败的可能性，我还是选择再次回到长赤中学，重新向高考冲刺。

高四这一年对我来说没有非常困难。我感觉一切都非常自然，复习的方法已经俱备，目标也无比明确，剩下的就是在有限的时间内尽量填补自己的缺漏。我的睡眠状况也有了很大的改善。当然我偶尔也会出现成绩的波动和心态的失衡，但经过沟通和调整我能很快地恢复。就这样平稳地到了第二次高考，这一次我通过自强计划成功进入了清华大学环境学院，为高中生活画上了一个圆满的句号。

三、个人感悟和学习方法

经过高中四年的学习，我也算是有一些感悟，主要有以下两点：其一是要接受自己的普通。接受自己的普通不是承认失败，而是不认为自己是例外。这意味着既不能自视甚高，也不能妄自菲薄。作为普通人，我们要相信一切的规律都对我们同等地生效，一切经验都能同等地指导我们。所以作为普通人，努力就一定会有收获，在学习上"努力却无效"的借口不可能成立，同样不努力却妄图获得进步也是痴人说梦；作为普通人，失败是不可避免的，但要有克服失败的能力……因此我认为，在追求卓越时，要先承认自己的普通。其二是要培养自己的性格。培养习惯、培养思维方式是常有的说法，我认为培养性格同样是可行而且非常重要的。有人把性格内向挂在嘴边，以此逃避需要社交和表达的场合，他们可能只是没有体会到表现自己的愉快；有人把粗心当作犯错的借口，可能他们只是不愿意对细节处投入足够的精力。如果我们能对自己平常的思维和行动作出相应的改变，就可能重新塑造自己的性格，让自己成为更好的人。

谈到学习方法，我始终认为适合自己的、能让自己从容应对学习的方法才是最好的，下面来说说我的一些建议。从总体上来说，要学好一部分知识，形成一个知识网络是相当有必要的。对一个知识点，不仅要记忆其本身，还要联系与其相关的其他知识点，这样不仅可以加深印象，还有助于综合性地运用，同时也方便复习时查缺补漏。譬如一个数学公式，我们不仅要记住它，也要明白其推导过程和二级结论，更要知道与其相关的经典例题，这样在运用的时候会更加从容。当然要做对一道题，或者说完成一次考试，无论是哪一门课程，反复刷题和回顾是不可避免的。就是说，要通过刷题和回顾把做一类题目的过程机械化、程序化，这样才能尽量保证不出错。

对于具体的科目，有以下需要注意的点：第一，对于数学，有解题思路和完成一道题的差距很大，其中有很多细节，所以切记不要认为有思路就可以了，只有认真完成每一道题才会真正得到提升。第二，对于英语，单词、语法等老生常谈的问题就不再赘述，如果想要更快速地完成题目，可以多进行阅读来培养语感，试卷上的各个阅读题的文章就是最好的材料。另外，做完形填空时，我们应该先通读文章，了解文章大意，在第一遍阅读时猜测某些内容。第三，对于语文，我们一定要练好字，至少要写得清楚，防止因卷面的问题失分。第四，对于理综，我们要找到自己做题的顺序和节奏，在有限的时间里准确地做对更多的题才是王道。我们可以先将整张卷子从头到尾过一遍，把简单的分拿到手，然后再回过头来攻克跳过的题目，这样的好处是不会因为时间不够而漏掉容易得分的题。当然，找到适合自己的学习方法才是最重要的。

四、大学那些事

单说我在大学的经历没有太大意义，我来谈谈自己在一年半的大学生活中对大学的理解。我觉得大学的学习和生活可以概括为：寻找自己的价值，预演自己的人生。在大学里，成绩不再是评判一个人的唯一标准，课堂也不再是你主要的活动场所。你可以忙碌于社团活动和学生会工作；可以驰骋绿茵球场、挥洒汗水；可以参与志愿活动，做出自己的贡献；可以在舞会上大放异彩……在每一个大学校园里都充满无限可能，你要做的就是走出自己的舒适圈，尽可能多地体验不同的事物。但是这不意味着大学是游乐场，它更像是一个小社会。在完成学业的基础上，每参加一种活动就有相应的责任和压力，因此合理安排时间也很重要。无论如何，大学生活将会比高中生活更加精彩，请你们始终怀揣着期待。

五、结语

　　此刻阅读文章的你离高考还有多久呢？三年、两年，还是一年？无论是多久，希望你能把握好有限的时间，一点一滴、踏踏实实地进步。我相信你能克服一切挫折和失败，以最完美的状态面对高考，你会得到一个不会后悔的结果。未来长赤中学操场上的烟花，终有一朵为你而绽放！

个人感想

冯　亘

冯　亘

【个人简介】冯亘，男，四川省南江县长赤中学 2021 级毕业生，目前就读于中山大学化学工程与技术学院。

一、序言

我出生于南江县长赤镇，是土生土长的长赤人，对于长赤中学这所陪伴了我六年时光的学校有喜欢、有热爱、有敬仰，而更多的是怀念，因为上了大学后我才发现，只有中学时期是让我最难忘的。它既有小学时期那种懵懂天真的快乐，也有理性思考后的成长。在此，感谢长赤中学对我的栽培，也感谢我的所有老师的教诲，没有这些，也就没有在这里写下这些文字的我。

二、求学经历

不论在初中阶段还是在高中阶段，我都是属于让老师头疼的那种学生，不是因我学习太差，而是因为我太跳脱了。我的初中班主任刘全华老师就曾开玩笑说：做好事找不到你，但是出什么问题肯定有你。我的高中班主任也说过类似的话，现在想起来，我那时候确实是挺调皮的。

我是属于那种在学习上不用花多大力气就能取得一个较好的成绩的学生。因为我的记忆力不错，脑袋转得也挺快，假如某段时间我认真学习，潜心钻研老师布置的题目，月考成绩不说能排到班级前三，也至少能排到前五的位置。但是也正是这种不需要花别人同等的力气，就能取得和别人同等成绩的能力，使我养成了轻狂骄傲的性格，这种性格使我不论是在学习上还是在生活上都吃过亏。在这里也希望各位学弟学妹在学习上谦虚踏实，不要像我一样，吃过亏之后才知道后悔。

三、学习心得

我主要从学习心态、学习方法、学习习惯三个方面谈一谈学习心得。

一是学习心态。无论文理科，我认为心态都是第一位的。只有你不放弃所学习的科目，才有学下去的动力；如果自暴自弃，放弃了所学的科目，那么拥有再好的学习方法和学习习惯也是无济于事的。

学习心态养成的最好方法是对所学的科目感兴趣。我们可以通过了解这门课的课外知识来培养学习的兴趣。我高一时有一段时间学生物学得很痛苦，在一次月考中，甚至考出了 35 分的成绩（当时是成都七中的试题，满分 100 分）。那段时间，我很讨厌生物课。但是后来我在班主任和生物老师的开导下，决定从生物的简单题入手。成都七中的题目我不会，我就做长赤中学出的题目；别人向 80 分、90 分冲刺，那我就向 60 分冲刺。慢慢地，我能在长赤中学自己的月考题中考到 80~90 分，就算是成都七中的考试题目我也能考到 60 分甚至 70 分。最后，在 2021 年的高考中，我在生物考试中取得了 87 分的成绩（满分 90 分）。所以，如果学弟学妹们在学习中也遇到了这种情况，可以从简单题、课外知识这些方面入手，一定要培养学习兴趣，要有良好的学习心态，不要厌恶自己所学的科目。

二是学习方法。学习方法这个东西其实见仁见智，每个人的学习方法都不一样。学霸有学霸的学习方法，一般人有一般人的学习方法。如果说心态是学习成功路上的入场券，那么方法就是能让你走捷径的便捷工具。有一套属于自己的学习方法是最好的，因为它是最适合自己的方法，哪怕别人的学习方法再好，套用到自己身上也未必见效。我们可以适当参考、借鉴别人的方法，综合运用，经过实践过后汰劣留良，逐步优化成最适合自己的方法。

三是学习习惯。学习习惯其实和学习方法差不多，每个人的学习习惯都不一样，但是有一点是相同的，那就是不能懒惰。假如你是方仲永那样的天赋型选手，你可以凭借自己极好的记忆力不回顾，也可以凭借自己的学习天赋不去刷题，但是我们一定不能懒惰，一定要继续学习，忘了知识点就翻书回顾。

四、学习方法

下面我分享一些我高中学习的经验和方法，希望各位学弟学妹们能从中吸取我的教训，让自己的学习之路更加广阔平坦。

1. 语文

语文重在积累。我的高中语文老师李勋有一句话让我印象很深：即使你智力差，你的语文也能考到 130 分。语文这门课跟物理、化学、生物这些要求思维能力的科目不一样，它是不需要天赋的。语文不需要你记住什么公式，也不看你刷了多少题目，而是你肚子里的"墨水"，即文学素养和文学积累。提高自己的文学素养是一个很漫长的过程，它并不会像理科科目那样只要多刷题就能掌握规律、获得"题感"。高中时，我们班会订购文学书刊，里面的名人轶事、时事热点都是很好的作文素材，这些素材能增加自己的文学积累；同样，平日里关注时事新闻也可以帮助我们积累到不错的写作素材。

语文科目中的阅读理解通常是丢分的大头，这种题目很考验学生的文学素养和理解能力，能否把握出题人的考查意图是一方面，是否有能力把符合语文格式的答案写出来是另一方面。对于阅读理解，我的建议是可以多看看近几年的高考题目答案解析，从中了解出题人的考查意图，也可以试着模仿答案的解答格式。

此外，还有很重要的一点——书写。就拿语文考试中的作文来说，一篇字迹工整的文章比一篇字迹潦草的文章更能让老师感到顺眼和满意。

2. 数学

数学是一门逻辑性很强的学科，数学题的推导过程是有前因后果的。大家都会做简单题目，而难题是很多个简单题目合并成的一道题，主要考查对知识点的掌握、对公式的熟练运用、对一些二级结论的了解等。我有以下几个建议：第一，建立一个错题本。一方面，错题本上可以记下自己做错的题目，在错题下面可以标出它的考查重点和自己不熟悉的地方，方便以后复习。另一方面，错题本也可以记下一些经典题目，比如解析几何中的一些题目，如果反复考查，就可以把它记在错题本上。第二，刷题。刷题可以让我们提高对一种类型题目的熟练度，还能提高做题的速度，但是不能为了刷题而刷题。第三，合理分配考试时间。选填题花多少时间，大题花多少时间，选修题花多少时间，这些都要合理分配。很多学生考试时都会因为时间分配不合理而心态崩溃，成绩自然也就不尽如人意了，所以在考试时要记得合理分配时间、保持良好心态。

3. 英语

对于英语，其实没太多的捷径和技巧可谈。我有一个专门的英语笔记本，用于抄写生词、高级句型、语法点、作文范文等，每次英语早读课时我都会拿出来朗读、背诵。对于听力，我们要多听多练，如果听不懂也可以放慢速度多听几遍，或者看听力原文。阅读理解主要考查对文章主旨的把握，很多时候文章里的生词对于理解文章的影响其实是微乎其微的。对于英语作文，我们要多积累词汇，可以使用一些高级词汇。英语科目刷题的主要目的是让你保持一个做题的状态，一周做两三张试卷就足够了。

4. 物理

物理和数学很像，对于基本公式、二级结论的运用要求较高，同时也考查思维能力。我们可以抽丝剥茧地分析清楚一道题，然后套公式计算出结果。但是很多时候物理大题尤其是实验题和最后一道大题考得很灵活，这种题目需要平时多加积累。物理对于思维训练很有用，如果经常刷题，就很容易把题目分析清楚。一定要牢记物理的公式，写出物理的公式是可以得分的，哪怕算不出最终结果，我们也可以拿到基本的公式分。

5. 化学/生物

化学和生物的联系很紧密，所以生物成绩好的同学通常化学成绩也不会太差。这两门学科对教材的熟悉程度要求比较高，很多时候题目考查的知识点都能在书本上找到，再加上这两门学科的二级结论很少，所以对教材加粗加黑部分的知识点的考查就更为频繁。对于化学，我们要熟记书上的方程式、原理和实验现象；对于生物，我们最好能把知识点一字不漏、原模原样地记住，这样才能在考试的时候写下最完美的答案，不给老师扣分的机会。此外，刷题也是必不可少的。因为理综题量较大，我建议每周做一套理综试卷，既能锻炼解题速度，又能巩固知识点，查漏补缺。

五、总结

中学时光是很短暂的，尤其是高中的最后两年，在埋头刷题和忙碌的考试中就无声结束了，现在回想起来，我还是感觉时间过得太快了。李勖老师的文人气质、付超老师的认真负责、孙志豪老师的独特见解、王哲老师的严谨、康树锐老师的幽默风趣、张国伟老师的和蔼可亲都给我留下了深刻印象，长赤中学浓厚的学习氛围也让我难以忘怀。希望各位学弟学妹们在努力学习的同时，能够珍惜在学校的时光，因为在大学里，很多事都是需要你一个人去完成的，大学里没有中学时互相取外号打闹的亲昵，也没有时刻关心你的成绩的任课老师。虽然高考是中学阶段的目标，但是提前做好自己未来的人生规划也是很重要的，比如心中的理想大学、心仪的职业、对于大城市的憧憬，甚至是对爱情的向往和渴望。如果在中学时期就能清楚自己的人生目标，知道自己想过上怎样的生活，并朝着那个方向前进，那么在中学期间，其实你就已经比很多人看得更广、走得更远了。

高考不是人生的全部，但是对于我们农村出身的人来说，这是很公平的竞争。青蛙跳出那口束缚住自己眼界的井后，才知道原来世界如此广阔。哪怕高考限制了你，也不要让自己的眼界和见识限制了自己。好好珍惜中学这段短暂的时光，因为很多现在争而不得的东西，将来再回首的时候，只会感到遗憾、淡然和怀念。人可以回头看，但不能往回走。高考也只是我们人生列车的一个站台，我们能做的只有竭尽全力，努力在每一站欣赏到最美的风景，这样即使未至完美，也无愧己心。希望学弟学妹们能够做到听从己心，行己所行，阅尽人间万千景，随性从容也自在。

祝学弟学妹们学业有成！

要永远相信自己

何帅兵

何帅兵

【个人简介】何帅兵，男，来自四川省南江县光镇房岭村，2021 年考入电子科技大学电子信息科学与技术专业。

一、序言

青春是一条通往山顶的小路，路途中虽充满荆棘，但也同样鲜花满地、五彩缤纷。我们应努力奋斗、披荆斩棘，最后方能手捧鲜花、到达山顶，眺望更高、更远的未来！

二、求学经历

我的中学生活可以说充满了酸甜苦辣咸。

初入高中时，我为自己的自大买单。我在初中、高中时都就读于长赤中学，进入高中后在袁清平老师班上，那是一个"成都七中网络教学直播班"。由于初中时我们就在使用成都七中的录播视频教学，所以我刚开始认为自己初中时就已经适应了网络教学，肯定会比大多数同学学得更轻松。于是我放低了对自己的要求。后来，第一次月考的失败才让我清醒过来。

总想着吃老本，只会坐吃山空。分享一段我的英语学习经历。我在上海读小学，在那里得到了不错的英语教育，正是小学时的英语基础让我在初中英语的学习上没有太大困难。然而到了高中，虽然老师经常说："一些初中英语基础好的同学不要总吃老本，还是要每天多背单词。"但我当时不以为意，也没有认真背单词，导致我的英语成绩一直徘徊在 120 分左右，一直无法提高。

经历了几次打击后，我高中的学习方法和态度有所改变。我每天课上认真听讲，做好笔记，课下及时复习后再完成作业。在学校的日子日复一日，每天都大同小异。每当心情低落时，我就会自我激励：同样都是人，别人可以，我一定也可以！抱着这样的信念，我在学习的道路上一直坚持，努力追赶那些优秀的人。

但中学的生活不止繁重的学业，也充满了乐趣。每年一次的运动会无疑是学生最快乐的日子之一。在那几天，我们可以不用上课，作业也不多，我们可以尽情玩耍。除此之外，学校还会不定期举办各种活动。我的班主任袁清平老师曾两次带我们出去野炊，让我们感受自然、放松身心、缓解压力，我特别喜欢这种活动。在学习和各种课外活动中我收获了很多朋友，我们经常一起讨论问题、互相学习、互相帮助。

三、学习感悟与方法

我认为学习感悟与方法因人而异，我自己总坚持一个想法：要永远相信自己，别人可以做到的自己也一定可以做到！当然这并不是让你盲目自信、自以为是，而是让你明白自己与那些成绩好的同学的差距，然后参考他们的学习方法，努力学习钻研，追赶他们。

要永远相信自己。我觉得自己不算一个聪明的人，我的学习能力不强。但我并不会因此而放弃，我相信自己一定也可以，我会花更多时间去练习，去请教同学与老师，直到弄懂。在这个过程中，我总结了一些关于学习的方法。

第一，上课要认真听讲。课堂是主体，上课时我们一定要认真听讲。做到一节课一直不分心确实有一定难度，但我们要尽力让自己跟着老师的节奏走，老师让我们干什么，我们就跟着做。也许有人说，我课上即使不认真听讲，课下自学一样也可以搞懂。但我觉得这个方法对于某些极其聪明的人来说或许有效，但对我们这些普通人来说只会事倍功半。在课上学习只需要花四十分钟的时间，在课下学习却可能需要花一两个小时，这样既浪费了课上的时间，又让自己没时间做作业，导致跟不上第二天的新的学习内容，长此以往我们就会越学越没劲。所以，我们一定要重视课堂，把握好课堂上这宝贵的四十分钟。

第二，正确对待作业。作业是为了让你检查自己对知识点的把握程度。我认为课下做作业的最好方式就是先把当天讲的相关知识回顾一遍，再合上书本独立完成作业，标记出不会做或者做错的题。切不可为了敷衍老师而直接抄答案，这样不仅是敷衍老师，也敷衍了自己，敷衍了自己的未来。

第三，要有一个笔记本和一个错题本。笔记本和错题本是学习的好帮手。笔记本可以帮我们梳理知识结构体系，让我们对所学知识点有更清晰的认识。错题本则更重要，我们可以通过错题本查漏补缺，让我们不在自己曾经犯过的错上重蹈覆辙。刚上高中时，老师要求我们必须有一个笔记本和一个错题本，甚至我的化学老师还要求每周收错题本，以此来监督我们积累错题。当时我觉得很麻烦，但到了期末以及高三时，我才认识到错题本的重要性，每次考试前我都会做一遍错题本上的错题。

第四，正确对待难题。难题可以是绊脚石，也可以是垫脚石。面对难题，很多人都会"不寒而栗"，但如果我们有这个实力就不能放弃。如果你放弃了，而别人靠这些题与你拉开分数差距，难题便成了你的绊脚石；如果你坚持解出了它，那你就可以得到更高的分数，难题也就成了你的垫脚石。但我们不能盲目做难题，要合理安排时间。课下写作业时，我们遇到难题时可以先思考，实在想不出时可以和同学讨论，如果成功解决了它，你会拥有成就感和自信心。

第五，劳逸结合，多运动，减缓压力。只学习不休息，聪明孩子也会变傻，所以我们要重视劳逸结合。我觉得最好的放松就是运动。每次学校的跑操活动我都会参加。下晚自习后，我也经常和好友们一起在学校操场夜跑。

四、大学生活

大学是中学的结束，也是人生新的开始。

大学生活，不像高中生活那样有老师、家长无时无刻不监督和管束你，在大学里最重要的是自律，即自我管理。我的大学还算管理比较严格的，在大一的时候会强制上早晚自习，即使如此，每年还有不少人挂科、降级甚至是被退学。所以进入了大学后，你可以放松，但放松不是放纵。在大学，课程不是最重要的，但却是最基本的。

当然，大学生活不止有学习，还有丰富多彩的活动。我们在大学要多多培养自己的兴趣爱好。我在大一的时候加入了学校的夜跑社团，在那里结识了不少伙伴，还因为跑步获得了奖品。学长学姐告诉我们新生就要勇于尝试，寻找自己的兴趣点。我便鼓足勇气进行了各种尝试，参加了各种比赛。到了大二，我知道了自己的兴趣所在，便跟着一位老师学习，培养自己的科研能力，这样不仅充实了自己的大学生活，也让我的科研能力得到了提升。

奋斗是青春的主旋律，在丰富多彩的大学生活里，我们不仅要享受生活，还应当继续努力奋斗，做更好的自己，迎接更好的未来！

五、结语

很高兴能有机会与学弟学妹们分享我曾经的生活和学习感悟。每个人对于自己的学习都有着自己的规划与方法，希望我的分享可以帮助到大家。现在的你们听着我吐露心声，未来的你们也有可能向你们的学弟学妹们讲述自己的故事。

现在的你们正值青春年少，请记住，青春只有一次，不要在吃苦的年纪选择安逸，也不要因为暂时的不尽如人意而选择放弃，只要方法和态度正确，成功只是时间的问题。我们要永远相信自己！

少年心事当拿云

李 进

李 进

【个人简介】李进，男，来自南江县天池镇，2020年通过自强计划考入清华大学，目前就读于清华大学工程物理系。

几年前，我可能就坐在和你们相同的位置上，头顶着中考或者高考的压力，手里捧着《走在青春的路上》一书。这本书曾经在我许多次失败、沮丧的时刻带给我莫大的勇气。希望在你合上书的那一刻，能真真切切地感受到，我曾在和你们一样的环境里挥汗如雨、逆水行舟。

一、长赤中学记忆

现在回想起在长赤中学求学的七年，我感觉像做了一场事关青春的梦，梦里的我带着少年特有的稚气与热情，在艳阳下奔跑。我在长赤中学的往事，容我慢慢说与你听。

初见长赤中学，还是在小学五年级的时候。当时我在乡村小学读书，我是学校的前几名，但这并不代表我很聪明。在和祖母去镇上赶集的某一天，她向我说起了关于长赤中学的事："你的表哥就是在这所学校就读的，那还是在汶川地震前，那时这个学校还没有这么好。"那时，教学楼的正前方还不曾有那座雕像俯瞰众生。不过初见长赤中学的第一印象，仍是气派。当时我以为自己不会到这所学校读书，然而又好像命中注定一般，长赤中学陪我度过了不久之后的七年。七年前，我还是个小孩子，我在父母的帮助下找到班级中我的座位，眼前是陌生的人和事。七年之后，我已能背起行囊，独自来到相隔上千公里的北京。这样的改变，是长赤中学带给我的。

在小升初考试后，我顺利进入了长赤中学就读。之后，我参加了初一年级的分班考试，又顺利考入了特优班（那时叫网络班）。我就这样正式开始了在长赤中学的学习生活，周围是成绩都比我好的同学。对当时在乡村小学向来排名靠前的我来说，这是一次不小的冲击。

初中时，我的班主任是唐祎君老师，他是一位体型微胖、面相和蔼的老师，他陪伴着我度过初中三年的生活。唐老师教数学，那时我喜欢和擅长的科目也是数学。

网络班使用的是成都七中的教学资源（网络直播课），当时，那种教学模式对我来说很新颖。初一时，最让我记忆深刻的一次考试不是期中考试或期末考试，而是在刚入学不久的一次平常的数学测试。那次考试的试题很简单，而我又擅长数学，所以考完后我自然满怀信心。成绩出来后，我考了九十九分（满分一百分），可我的同学全考了一百分。这是继分班考试之后，我又一次感到挫败。自此，我开始逐渐放下在乡村小学时的那份骄傲，开始沉下心来好好学习。那时的我在学习方面有着较强的好胜心，我格外地看重排名，不懂得分数不过是一次矫正自我的机会。我清楚地记得在初一上学期时，我最好的排名是班级第十二名，在初一下学期时，最好的排名是班级第八名。

初二时，我们班开始逐渐整体落后于另一个特优班。我们班的整体落后，是因为班级里逐渐出现的不良的学习氛围：纪律比较差，班级凝聚力不强。这样的环境对初中的同学来说，往往"难以抗拒"。于是，我们班的成绩开始整体下滑。这其实是在初一时便逐渐积累的隐患，只是在初二时才迎来了它的爆发。但一旦爆发，便很难扭转，这是时间的力量。进步又何尝不是如此？只有在经历了相当漫长的积累和努力之后收获的进步才是稳定和长期的。

这时，如果你能做到专注于自己的学习生活，少受外界的影响，你的排名便很容易上升。我就是如此，在自身成绩并没有太多提升的情况下，我的排名从班级第八名上升到了班级第三名。但我仍落后第一名六七十分，这之间的差距，对那时的我来说是如此遥远，只感觉两个脚再怎么使劲儿，也追不上。

在初三的某一段时期，我成了我们班的第一名。一方面是因为两个特优班的差距继续拉大，前二十名里我们班往往只有一两个，另一方面是因为我相比于班级里其他大部分同学多那么一点的努力。不过我的"高光时刻"并没有持续太久，由于中考临近，班级里一部分同学开始努力学习，其学习成绩飞速提升。不久后我就变成了班级第二名，这一次我当了相当长时间的第二名，直到中考结束。

总之，对于我来说，初中的学习动力大部分来自我的好胜心。初中时，最让我期待的事情就是看每一次考试的排名，不过这不见得是一件好事。也正是因为这样的原因，所以我只安于成为周围那一群人中的优生，没有想过去"开眼看世界"和思考学习对于我们本身的真正意义。井底之蛙，大概就是指那时候的我吧。

初中三年匆匆过去，高中在盛夏随着一场瓢泼大雨一起到来，迎接我的是更具有挑战性的学业和独立的生活，以及一批新的老师。高中生活是我们人生之中尤为精彩的一个篇章，这是一段充满努力、回忆、汗水和感动的旅程，它充满了生命的张力和值得记录的成长，它意味着一批批苦守在寒窗学习数年的孩子们怀有的那份对外界强烈的好奇和对自由的无比渴望。

进入高中之前，我参加了长赤中学组织的招生考试，被录取到高一最好的两个班级之一。虽然这次我不再是踩线进入，但总成绩也并不拔尖。高中时，我的班主任兼数学老师是秦发庭老师，他在日后的学习和生活中带给我诸多教益、鼓励和帮助。我的语文老师、英语老师、物理老师、化学老师和生物老师分别是刘玉容老师、刘发兰老师、周德老师、康树锐老师和黄海老师。他们都是相当优秀和负责任的老师，他们的教学经验非常丰富，且有着各自独特的教学风格。

初入高中，我的成绩排名是班级第八名，年级第二十名左右。正式开学前，我们上了十几天的衔接课。其间，秦老师向我们讲授了一些初高中数学衔接知识。当时，我对秦老师的第一印象是厉害。因为我在问他问题的时候，他可以很快指出我的问题所在以及这个问题的解决方法，快到我还没来得及反应和记录。第二印象是敬佩，因为他已经在长赤中学任教二十多年并且培养出了长赤中学第一位考取清华大学的学长。我喜欢和老师接触，他们丰富的教学经验、系统的知识储备、独特的思维方式都深深吸引着我。我喜欢问问题，在学习过程中，不论哪科遇到问题，我都会去问，同时我会把答案记录下来。有时，如果任课老师不在，我便会问教相同科目的其他老师，这一行为背后的原因是兴趣使然和对问题答案的好奇。我注重分析答案和问题之间的联系以及自己在思考问题时有哪些地方没有想到或者出现了错误。同时，老师的经验和告诫在我看来也很重要，因为我只是一位刚刚升入高中的学生，尚不知道高中的学习生活是怎样的，而我的老师已经积累了相当多的工作经验。

我高中时比初中时更喜欢和老师交流，学习自觉性也更强，其背后的原因一是对未知的高中生活的忐忑，二是高考的压力，三是同学也变了，新的班级氛围、凝聚力和同学感情都很好。

高一上学期，我认真听取了老师对我们的教诲，秦老师曾不止一次地告诫我们"高中的学习和初中是完全不一样的，初中的学习方法不一定适用高中学习。高中学习要困难得多，我们不能放松警惕"。可是，并不是所有同学都会相信老师所说的话，有些同学在高一时放松了警惕，不久成绩便下滑了。我平稳地完成了从初中到高中的学习过渡。在一部分人沉湎于初中的优秀时，另一部分人已经收拾起行囊开始慢慢向前走去。在高一上学期，凭借着善于问问题和定期总结思考的学习习惯，我紧跟着老师的脚步，在不知不觉中，我的成绩从班级第八名上升到班级第三名，再升到班级第一名。这一跨越，前后用了不足两个月。

在高中日复一日专心地学习和解决问题间，我不知不觉地超越了很多在初中时遥遥领先于我的同学。在初中时，我学习的兴趣往往只是集中在数学和物理学科上。到了高中，我开始对所有科目都抱有兴趣，这一转变的原因是我开始关注学习对于我们自身的意义以及与各科老师的积极接触。

我至今仍清楚地记得，高一上学期期末考试时我首次实现了总分突破六百分，并且首次考了年级第一。这对我来说是一件具有重要意义的里程碑事件，它标志着时间已经把曾经巨大的鸿沟填平，剩下的就是与自我长时间的较量和对学习的长期坚持。

在高一下学期和高二一整年，我的成绩一直是年级第一。这一排名持续到高三上学期，那时，复读生的加入让应届生感受到了不小的压力。复读生之中不乏相当优秀的同学，学习压力的突然增加曾让我一度适应不了高三的学习生活，同时也让我意识到自身的不足。高二是求学进步的黄金时期，我却因为已经成了全年级第一，反而原地踏步了一整年。这之中有在骄傲和谦虚之间的来回挣扎，有学习热情褪去后的力不从心，有排名长期不变带来的盲目乐观。

在老师的鼓励下，我踏上了漫长的补救弱势科目的道路。于是，我开始每天练习语文：定时定量做论述类文本、文学类文本的阅读，每天完成两首诗歌鉴赏和一篇默写，仔细阅读参考答案，体会其背后的逻辑和原理。同时，我也开始每天记英语单词，以扩充自己的词汇量。词汇量提升之后，我开始做英语阅读题和 B 卷试题，背英语作文和练字。随着弱势科目的慢慢提升和学习的持续进行，我的成绩迎来了第二次提升。这一次提升来自我不停地自我反思和纠正，以及我开始探索更加适合自己的学习道路。有时候，遥远的距离会让我们感到挫败，同时也会让我们感到清醒。如果不是复读生的加入，可能我也不会真正下定决心去补好弱势科目，可能其会一直是我的短板。

　　高中三年在老师和同学的陪伴下很快结束。六月，我参加了人生的第一次高考。八月，我回到长赤中学复读。其间，我做了人生中很重要的一个决定，我深知这关系到我的未来。和很多高考失利想复读又犹豫的同学一样，我也面对着相同的问题："明年考得更差会怎样？""明年题目变难了怎么办？""这一年的努力要是浪费了，又怎么办？""要是高考期间出现意外怎么办？"许许多多的问题不断影响着我的判断。终于，在我手抄了一位母亲写给孩子建议他复读的信之后，真正决定了复读。那位母亲在信中说："其实说来说去，奉劝广大考生不要复读的原因只有一个——害怕失败。但是这样的心态并不对，正如《自卑与超越》中说'只想逃避困难的人，必然会落后于他人'。迈向成功所需的是一个强大的心理素质，即做一个输得起的人。"的确，很少会有人不害怕失败，但我知道，如果就这么走入大学，我必然会留下遗憾，那还不如用一年的时间来换取一个可能不遗憾的结局。

　　复读的最大问题是无形的焦虑。因为我们已经仔细学过一遍高中的知识，复读时再次接触相同的知识，很难再有应届时那样的注意力，还会不时产生对于重复学习的抵触情绪。很多同学在复读结束之后，仍旧没有解决在应届时就暴露的学习问题。也有很多同学，在复读时仍旧延续应届时不良的学习习惯，到头来并没有取得太大的进步。在复读中成功的同学，往往是心态良好同时又能再次静下心来学习的人。应届成功的关键在于方法，复读成功的关键在于心态。在复读期间，我获得了参加清华大学自强计划的资格并顺利通过测试，最终如愿进入清华大学学习。

长赤中学的七年，是我成长的七年。长赤中学教会我的不仅仅有知识，还有对个人能力的培养和对个人品性的打磨。长赤中学，是我们这种在山区里长大的孩子的一扇通向未来康庄大道的窗口，每个在此地求学的人都会找到一条独属于自己的道路。如果你此刻感觉到灰心与挫败，不如沉下心去再坚持一下，因为走到终点之前，每个人都可能是冠军。如果说我有什么能和你分享的经验，那就是立即行动起来。

二、大学感悟

大学阶段是人生中另一个很特殊的阶段，如果高中标志着过去应试教育的结束，那么大学则标志着对人生和社会学习的开始。简单地说，在大学，我们的学习将不再限于书本和课堂，而更多地与生活相关。

清华大学是一所很棒的大学，其风景秀丽、校园广阔、秩序井然，最关键的是里面的人都非常优秀。中国的许多大学都是如此，大学聚集了一批批和我们一样经过了小学、初中、高中层层考验和筛选的人。每每站在校园，注视着来往行人，一想到他们可能和我一样，经历过漫长坚持、努力奋斗的高中时光，同我一样有着一段特色鲜明又十分曲折的求学生涯，我便总有一种寻得知音的欣慰。大学时，我们需要自己安排学习和生活，大学老师不会像高中老师一样时刻监督我们，大学的学习

春华秋实

目标也不像高中时期那样单一。我们需要更加清楚地认识自己并妥善安排自己的生活。如果没有清醒的认识，我们在刚上大学时很容易陷入迷茫和空虚。你可以选择在寝室玩手机到深夜，也可以选择规律作息使得白天有好精神；你可以选择封闭自己，也可以选择积极生活、培养兴趣和结交好友。

总之，大学是一个能让你成为想成为的人的舞台，你的角色靠自己演绎。但不管是什么样的结果，我们都需要独自承受。大学生活很精彩，也很宝贵，我们需要珍惜大学的时光。

三、结语

下笔千言，仍旧难以完整表达心中的想法。在我总结了细碎的学习过往后，还想传达给各位一句话——不仅是我，包括这本书里大部分的学子，在取得高考成绩之前，都有一个很平凡的开始。在一开始就表现得非常优秀的人，实在是少之又少。

最后，祝愿少年的你始终保持热忱、热爱生活，始终走在青春的路上。

蜕变在长中

刘俊杰

刘俊杰

【个人简介】刘俊杰，男，来自四川省南江县正直镇，2021年考入中国人民大学商学院。

当我第一次打开《走在青春的路上》一书时，苏星宇学长的故事令我倍感振奋。我从他的身上发现了希望——一个差生也有高分中榜的希望。他并非遥不可及的天下名人，而是我们身边的人。今天，我也将分享我的故事，希望能够帮助学弟学妹们重拾自信，及时地反思，最终成功进入理想大学。

刚进入高中时，我的成绩处于中下游水平。与同龄人一样，我渴望自己能拥有天才头脑，能掌握所有知识，进而考出高分。但现实并非如此，我自初中时就沉迷游戏和手机。那时的我早自习踩点进教室，他人背书我玩乐，上课睡觉走神，下课玩手机游戏。在此期间，我也曾想过要努力学习。于是在某一天早自习时，我打算努力背四十分钟单词，看看自己能记住几个。结果是我在四十分钟里只记住了五个单词，到第二天还忘了四个。于是我更加觉得自己没有学习的天赋，便继续沉沦下去。我如同深陷泥潭，每一次的挣扎都会让自己继续往下沉。

春华秋实

进入了高一下学期，我依旧沉沦了两个月。我的成绩越来越差。时间给空想者以痛苦，我也开始急躁起来。我想要奋起，但却无法付诸行动；我不甘被懒惰缠绕，却又麻木腐蚀。那两个月里，我过得异常难受：想要努力却没有决心，内心与现实无比矛盾。经过两个月的煎熬，我决定要努力学习——就从英语开始。上英语课时，我开始专心听讲，认真记笔记。但我根本听不懂老师在说什么，我又渐渐丧失信心。

直到有一天，英语老师杨老师让全班同学在下午最后一节课时默写范文，默写完成才可以回家。那天，我没有通过默写，全班也只有我一个人没有通过。同学们放学走后，班上只剩四个人：杨老师、班长、我以及等我的朋友。我以为杨老师会让我继续背诵范文，但他却让我们三人跟他一起出去吃饭。时过境迁，我已记不清饭桌上杨老师谈了什么，只记得杨老对我说："你肯定能将英语补起来。"这句话给予了我认可，赋予了我自信。回到家后，我又花了两个小时成功背下那篇范文。在之后的日子里，我调整了努力的方向：每天背两页单词；每天坚持阅读一篇英语文章；每天下午坚持听三十分钟听力。一个月后，我的英语成绩从三十分提高到了六十分；两个月后，我的英语成绩考到了八十分；到了高二，我的英语成绩再也没有低于过一百分。由此而来的是排名的上升：第一次考试时，我的班级排名是四十多名，第二次是二十多名，第三次是十三名，第四次是第三名，一切犹如传奇。那时我才反应过来，学习竟如此简单。

排名的快速提升令我骄傲自满，我自大地认为自己是天才，拿下第一轻轻松松，于是不再努力学习了，我终究为此付出了代价。我在语文文言文中考了高分，便认为自己不用再在此方面努力，结果下次考试便摔了个大跟头；对于数学考试，我经常犯计算错误或粗心的毛病，为此常常丢分；地理学习也开始变得困难起来，我经常搞不懂很多地理知识。但凭借着老本，成绩也还不至于急速下降。我没有察觉到即将到来的危机，我依然眼高手低，不愿像往日一样努力。

直到高三，我突然反应过来，自己应该努力学习，但却为时已晚。文综合卷使我常常做不完题，数学总是计算出错，懒惰重新占据了我的身体。我经常报复性学习，长期堕落，间歇努力。最后临近高考时，后悔、不安、忧虑、幻想充斥在我的心里，我忐忑不安地度过了高三最后的时光，走向了高考。最后，我毫无疑问地考砸了。

高考后，虽然家人都在安慰我，但我心有不甘。既然这次考砸了，那就再来一年。再次进入长赤中学后，我开始发愤图强，决心改正自己的缺点。我在语文学习上努力积累文学知识，数学学习上努力做到细致入微。在复读的第一个月里，我终于考到了第一。通过一年的努力，我终于如愿考上了理想的大学。

在这篇文章里，我没有写太多学习的方法和技巧，一是因为方法很容易在网上找到，二是因为只有自己摸索出的方法才是最好的。我只是讲述了一个普通学生努力学习的故事，这个故事并不完美，其中多有懒惰复发，但大家可以从中知道，即使如此，我们仍有进入理想大学的希望。我希望能给大家带来一种自信，这种自信并非虚妄，而是真正可以实现的东西。同时，我也希望大家可以及时反思，不要像我一样懒惰复发。祝愿你们拥有更加精彩的人生。

心无旁骛 放胆向前

周明亮

周明亮

【个人简介】周明亮，男，2021 年考入电子科技大学，现就读于电子科技大学电子科学与工程学院。

一、回望长中

第一次接触《走在青春的路上》时，我被学长学姐的故事所震撼，没想到几年后，我竟也受邀来分享关于自己的故事。回望高中三年，感慨良多，得识益友，幸遇良师，几度失败，几度成功；但此刻，内心也只剩下美好。在学业上，我并不认为自己很成功，索性斗胆在此分享关于自己这三年的所见所悟吧。

二、个人感悟

关于学习，诸位学长学姐已经给出了足够优秀的建议与回答，我就不在此赘述了。我主要是想和大家讨论一下关于心态的问题。

大家都知道即将参加高考时会很紧张，有些人会失眠，失眠了就意味着自己的生理状态水平下降，自己的表现也会变差。但你们有见过高考两天连续失眠却仍然考出了自己最好的成绩的同学吗？

2021年6月6日晚上，是我来到南江大酒店的第二个晚上，一想到第二天就要高考，我的心情很复杂。晚上九点多时，我开始入睡，可是两眼一闭，我的脑海中不由浮现出高中三年的种种画面，我怎么睡也睡不着。经过一段时间的煎熬之后，我再看手表时，已近晚上十一点。当时我的第一感觉是焦虑，因为在此关键时刻，自己不能好好休息，这着实是一个不小的打击。于是我开始安慰自己："没事的，慢慢来，这三年我已经做得很好了，接下来要放轻松，对得起自己就行了。"后来我终于入睡了，但凌晨一点左右我又醒来了，再次睡去不知是何时，只知再次睁眼时，是凌晨五点半。

在前往考场的公交车上，我一直对自己说："没事，尽力就好，你已经对得起你这三年了。"语文考场上，我非常亢奋，写完作文后只觉这三年来考过的语文都没有这么顺利过。中午，短暂的休息之后便迎来了数学考试，这次的数学题目有点出乎意料，对于题目难度的诧异令我的倦意不翼而飞，交卷的那一刻我看着手心里的汗有些不知所措。

高考第一天晚上，不出意外，我又失眠了。我辗转反侧难以入睡，我便一遍又一遍地安慰自己，一次又一次地鼓励自己。那两天，我的睡眠时长不超过八个小时。

第二天上午的理综考试有些令人意外，我走出考场，没有迎面吹来的微风，没有故事般的美好画面，只有疲惫的自己。

第二天下午的英语考试中，倦意如潮水一般一波一波袭来。我抬头看了一眼窗外的世界，我不记得那天是否有太阳，但那一瞬间窗外的风景真的很美，我甩掉困意，继续埋头做答，完成了我高中三年来最后一份答卷。最后一次铃声提醒时，我突然感觉释然了；最后一个尾音消逝时，我的某一段青春也结束了。

考完试回家的路上，我对自己说，自己已经尽力了，对得起自己这三年了。

有时候，只有奇迹发生，才能带来美好的结果。但更多的时候，你会发现身边的人都无法帮助你创造奇迹，只有你自己相信自己，才能迎来奇迹。

在苦难时坚定不移地相信自己，这本身就是一个伟大的奇迹。

故事的后续是那个失眠的但一直相信自己的考生在试卷难度加大的情况下，考出了自己三年来最好的成绩，考进了自己理想中的电子科技大学，并且在大学二年级的一个夜里感慨良多地留下这么一段文字的我。

三、关于大学

关于大学，我斗胆在此留下一些拙见。大学是一个神奇的地方，有的人找到了自己的方向，在自己热爱的道路上发光发热；有的人像是石沉大海，无声无息。

大一时，我参与了学院的面试，成为心理委员；我通过了爱之翼西部公益教育团队的两轮面试，获得了前往青海省黄南藏族自治州支教的机会；我还参与了许多活动。

回望此行，只有两个字：尝试。

在青海支教时，我是我们支教队与西门子爱绿计划的项目负责人，在合作期间我与一位青年导师成了朋友，在前不久我和他一起去都江堰时，我们讨论到了自己人生的选择与方向。他告诉我，他与西门子签了两年的培训合同，为的就是在这两年中找到自己真正热爱的方向。于是我想，我之所以参与了各种活动、选修了诸多课程、做了那么多的尝试，不就是为了找寻自己的方向吗？

能够在年轻的时候找到自己所热爱的方向是一件很了不起的事情。如果在看这段文字的你能够找到自己的方向，那么恭喜你，这真的很棒！但更多时候，我们都是在不断地尝试、不断地探索，所以不要心急，我们一起加油。不要害怕失败，失败本身就是一位老师，冷静下来从失败中学习，亦能使我们受益良多。

大学是个有趣的地方，希望大家好好珍惜。

四、想对学弟学妹说

记住，无论何时，只要坚定不移地相信自己，就一定能给自己一份满意的答卷！心无旁骛，大胆向前吧！

鱼和熊掌亦可兼得

熊志兵

熊志兵

【个人简介】熊志兵，男，2021 年考入山东大学，现就读于山东大学齐鲁交通学院。

一、回忆长中

在我印象中，第一次接触《走在青春的路上》这本书的时候，正是我在高中比较迷茫的时期。那段时间，我的成绩也不太稳定，我也不知道该如何提升自己。这也是当时我们班的同学普遍存在的问题，所以班主任让我们阅读这本书，让我们从中学习别人在面对迷茫时的做法，为处于迷茫时期的我们指明方向。出乎意料的是，如今我也有机会和大家分享我的故事，虽然我对成功没有发言权，但我对失败有很深刻的理解，所以我借此机会向大家谈谈我对失败的看法。

二、失败的感悟

1. 学习习惯

刚从初中升入高中的时候，班主任就再三和我们强调，高中不同于初中，初中的学习习惯也要随之改变。正是因为当时没有听取班主任的忠告，我对学习习惯上的失败才会有很深的感悟。

第一，摆正学习态度，上课认真听讲。我相信很多人和我一样，刚升入高中时正值青春期，多少会有点叛逆。在初中的时候，我上课时经常不认真听讲，尤其是数学课，我认为通过自己看书做题，就能掌握知识点了。虽然这种做法在初中还有点儿作用，但在高中，这种做法就显得很愚蠢，所以失败也是理所当然的。高中的课程比初中的课程复杂得多，单凭自己的理解能力很难把知识点吃透，更别说掌握重点、考点了。所以摆正态度才是关键，我们在上课时要跟上老师的节奏，要及时勾画重点，方便以后复习。切记，不要盲目自信；否则，几次考试过后，你会发现你的自信不会给你带来你想要的结果，而是一次又一次的打击。

第二，要做到各科均衡。正如我上面所说的，我对数学学科极其自信。这种自信是建立在我花了大量的时间和精力的基础上的，我甚至不惜用一节语文课去演算一道数学题。这种习惯其实愚蠢至极，失败也是在所难免。我记得有几次月考，虽然我的数学成绩很不错，但是语文成绩没有及格。班主任在班会上分析成绩的时候，他把我当成典型的反面教材给全班同学敲警钟，我当时也十分羞愧。课后，班主任多次找我谈话，面对偏科的问题，他没有跟我讲大道理，而是直接问我："你高考的时候，语文的分数会不会加到数学上，让数学变成300分的科目？"答案显而易见。作为高中生，最重要的任务就是在高考中取得好成绩，这就要求我们要做到各科均衡。这并不是要求你用你擅长科目的时间去弥补你不擅长的科目，而是要把每一科都当成你擅长的科目一样去重视。只有这样，你才能在高考中获得满意的成绩。

2. 学习心态

高中三年时间里，我们会经历上百次考试。我们不是机器，不能保证自己的状态每时每刻都在线，所以偶尔的退步也是情有可原的。失败不是问题的关键，失败之后如何调整自己的心态才是关键所在。以我为例：高三的一次月考中，我考得很差，班主任问我考差的原因时，我说是因为我不在状态，他暂且相信了我，说下周又有个诊断性考试，看我能否考回原来的分数。不出意料，我又考砸了。之后，班主任让我们自己总结考砸的原因，我认为原因是我第一次考砸了之后，觉得自己是有能力的，只是状态不好，所以没有重视，考试之前也没怎么复习，以至于这种状态延续到了下一场考试。所以，考试结果固然重要，但调整自己的心态也很重要，无论是考好了还是考砸了，我们都要保持一个良好的心态。考好了要稳住，下次别掉下去；考差了要自省，下次再追回来。切记，不要让短暂的胜利冲昏头脑，也不要让一时的失败扰乱心态。

三、适度放松

在如此繁忙的高中生活里，我们也要学会放松自己。说到放松，想必大家都有自己的放松方式。但有时候我们很难把握学习和放松之间的平衡，有的同学放松过度导致自己的学业荒废了；有些极端的家长认为学生就应该学习，娱乐之类的都是高考之后的事。我们要学会适度放松，适度的放松可以提高我们的学习效率，尤其是通过体育运动来放松自己，因为运动可以释放自己的压力，这种爱好不会让你像玩游戏那样沉迷，相反，如果你真的爱上某项体育运动，你会被这种体育精神所感染，会追求更快更强，不轻言放弃。

四、我想对你说

高中三年时间过得很快。所以，少年，要追梦，就要抓紧现在的每一分每一秒。同时我们还要珍惜眼前人，高中毕业之后，大家都会踏上不同的求学之路，见面的机会愈来愈少。高中生活之所以精彩，是因为在这里我们能遇到恩师、能习得知识、能收获快乐、能完成蜕变。

作为高中生，我们都会面临人生的一次大考——高考。我想说，这件事可大可小，因为我们的人生最终是什么样的，不是一次考试就能决定的。所以，高考并没有多可怕。在这里，我想对那些考得不理想的同学说：世界上只有一种英雄主义，那就是在认清生活的真相之后依然热爱生活。不要为昨天的自己后悔，也不要让明天的自己为今天后悔，做到这些，你就是最后的胜利者。

愿你终生美丽

何沁宛

何沁宛

【个人简介】何沁宛，女，长赤中学2021年毕业生，现就读于吉林大学白求恩临床医学院。

一、成长经历

我从初中到高中都在同一个校园学习，其中的故事情节可谓跌宕起伏。我曾经多少次看着《走在青春的路上》里的文字，多少次激励自己，多少次从学长学姐的故事中学习他们的方法……不知不觉间，它好像陪我走过了我的整个青春，尽管那些故事有些时候并不那么美丽，我也并不是那么完美。青春有时就是一本书时，当我再次翻开这本书，我感谢每一个人，也感谢每一个阶段不后悔的自己。

刚刚收到要写这份"作业"的时候，我的内心诚惶诚恐，因为我既没有什么可值得骄傲的成绩，也没有太大的人格魅力，我有不少缺点，我恐怕无法像很多学长学姐们一样给学弟学妹们一些很有用的学习方法或者学习经验。但是，我怀着满腔的热爱、赤诚与希望，如若能让部分读者觉得稍微有一点用处，那么，我将感到荣幸之至。

我在读大学之前，一直认为理想和现实之间我会选择现实，我认为，兴趣和理想不重要。

我最初是被吉林大学新能源与环境学院的环境专业录取的，我在那里碌碌无为地度过了大一上学期。

那个时候，我忘了一切：忘了思考人生的意义，忘了思考自己的未来，忘了曾经的激情与不服输……

我稀里糊涂地过了一个学期，直到大一下学期，我越来越发现我一点儿也不喜欢这个专业，我在这里失去了我的理想、我的激情、我的活力、我的希望。我一想到自己今后再也无法接触医学，我就彻夜难眠、心痛难当。我从来没有想过没有它我会这么痛苦，那段时间，我才幡然悔悟，但可惜太晚了。

大一下学期开学两周内就要举行转专业考试，临床医学专业位居全校转专业报录比最高的几个专业之一，很多人从大一上学期就开始准备转专业考试了，而我在考试前一周才幡然悔悟。

但那个时候的我就像着了魔一样，我开始疯狂学习转专业考试的内容，直到原定的转专业考试时间的前三天，我都还在殊死一搏。我当时甚至都没有想过会不会成功，我只是疯狂地学习，我心中只有一个想法：没有它，我会后悔一辈子。

但是，由于客观因素，考试推迟到了暑假，考试方式改为了线上考试。

我最终得偿所愿，成功转入吉林大学白求恩临床医学院。我万分庆幸当初的自己做了这样一个决定，其实当时的我并不能保证我转专业成功就一定不会后悔，但那个时候的我只知道，如果不转专业，我一定会后悔。

我从来没有像那个时候那样清晰地认为，兴趣爱好是如此重要，没有理想的生活是如此灰暗。

所以，我希望朋友们可以尽早地想一下，自己要做什么，尽早地规划自己的人生。我从不认为应该为了理想而抛弃现实，但现在的我认为，至少应该把理想放在一个很重要的位置上。

二、学习方法

在这里，我给大家分享一下我的学习感悟和学习方法。

1. 老师

我感谢我生命中遇见的每一个老师，他们教给我知识，虽然他们可能也不完美，但他们每一个人都无私而伟大，都值得尊敬和感谢。从心底去爱老师，就会爱他们的课程，就会有更多的学习兴趣和学习动力。如果你讨厌一个老师，难免会对学习这门课产生影响，所以，学会如何喜欢老师，也是一种学习方法。

2. 物理

除了上课听讲、课后做题、梳理知识体系等被提及很多次的学习方法外，就我个人而言，错题本和模型本非常重要。

错题本需要自己真心实意地想去改、想去学才有用。高二时，我出于老师的一些要求，曾经敷衍地做了一下错题本。事实证明，这种错题本一点用也没有，那个时候我的物理成绩甚至掉到过及格线边缘，导致我曾经很愚蠢地认为错题本无用。在高二下学期，因为突然感受到紧迫感，我开始重视错题本，我的物理成绩也因此得到了提升，有一次考试，我的物理单科成绩还考到了班上第二名。每个同学的错题本都会有一些不同，接下来我会详细地分析一下。

第一，用什么本子当错题本？个人建议使用活页本，这样方便把同一类型的错题分类到一起。

第二，什么题可以记录？一种是典型的题。典型的题，代表考的次数多，只要弄懂这一道题，这一种类型的题就基本都会做了，其实物理的题型大部分就那些，其变化相比数学来说少多了，考试所考到的物理题型其实都是有一定套路的。另一种是错了很多遍的题。错了很多遍，说明在这方面的知识点有缺漏，或者基础不牢固。我们不要简单地认为自己就是马虎了、不小心而已，这种心态会酿成大祸。每一次偶然都是一种必然。更何况，多次"偶然"的马虎失误，那就是"必然"有所缺漏。我曾经就是这种经常抱着"只是马虎了"的想法的人，正因为我自己经历过，才清楚这种心态的危害有多大。

第三，错题本上应该写什么？首先是写原题（如果有图要记得画图）。个人建议答案可以写在不容易一眼看到的地方，这样每一次看错题的时候，就可以先重做一遍，再看自己这一次是否做对了。然后，我们要写解析，不要照抄答案的解析，要先把这道题弄懂，用能够让自己明白的方式写解析。如果这个错题是有模型的，记得把模型写上。最后，错题本最好做得整洁一点。

下面分享我认为比错题本更重要的一个本——模型本。物理练习册上有很多模型，大家可以将其集中到一个本子上，然后自己可以再补充一些模型。整个高中物理的考题，基本上都可以跟这些模型挂钩，如很经典的"晾衣杆模型"。这种写模型的本子可以不必用活页本，因为它不像错题本那样需要将错题归类。

无论是错题本还是模型本，都不需要太多，但需要认真记录，质量比数量更重要。

3. 英语

对于英语学习，我们除了要尽可能多地去记单词，还要保持每天练习阅读题，以保持语感，因为阅读占分很多，所以需要我们花费更多的时间去准备。

4. 数学

对于数学学习，我们要认真听讲。不要认为这道题太难了，反正我也不会，或者我应该听了也用不上，然后就走神，就不去认真理解。总之，我们不要被难题吓到。我曾经就是如此：每次老师一讲到最后一道选择题或者最后一道大题时，我就会开始开小差。直到高二下学期的时候，我开始专门攻克这些难题。慢慢地，我发现好像这些题也没有那么难，我开始找到一些解题思路了，到后来，我基本都能解出这些难题了。

5. 语文、化学

语文和化学是我曾经成绩很好但最终成绩并不理想的两门学科。由于一直以来我的语文成绩都非常好，所以我几乎没怎么花过心思在语文学习上，我开始不听课、不写作业……当我发现我的语文成绩突然下降的时候，我想补却怎么使劲都补不起来了。所以，不要放弃语文，这个看起来并不拉分、比起其他科目并不那么起眼的科目，我们也不能放弃。有些时候，它只是需要积累得更多。

而化学学习的重点在于做题和"啃书"。

总而言之，在理科学习中，最重要的仍旧是听课和理解，要回归课本，不要刻意去钻研难题；课堂、教材、习题，就是学习的关键。

以上为我个人浅见，仅做参考。

三、接受不完美，感谢每一个阶段的自己

这个世界上，有一种很可怕的完美主义者。这种完美主义者，他无法接受自己的不完美，不能正视自己的缺点。

人都是有缺点的，我们要承认这一点，但大部分人其实都抱着完美主义的心态在学习和生活，无法承认别人真的比自己强，总会为自己找借口，例如，"他只是努力罢了，我智商比他高，要是我像他一样努力我肯定比他强""他排名靠前怎么了，我物理/语文单科比他高，我比他聪明"……他们不想承认别人比他更强，即使他们确实有让人值得称赞的一面，但是这在事实上并不能掩盖他们有缺陷的一面。这种心态究竟有什么坏处呢？

当认真地付出了努力过后，如果结果不能达到预期，他们就会产生自我怀疑，如"我是不是很笨""我是不是没有天赋""我就这样了"。

然后，他们就会恐惧去努力，他们不愿意去面对那个达不到预期的

自己，所以干脆不去努力，不努力则不会看到自己有缺陷的一面，从而假装自己是完美的。

我曾经就是一个完美主义者，我一边认为自己什么都能够做到，一边又什么都不去做，因为我潜意识里害怕：如果我去做了，却做不到呢？于是我干脆不去做。不去做，就没有事实来证明我做不到。

一边自我欺骗，又一边自我怀疑，不安于现状，却又不思改变。这就是完美主义心态，它只会让一个人走向狂妄、自卑、敏感，而一个优秀的人应该是谦虚、自信、落落大方的。

人都是不完美的，但完美主义心态会潜意识地要求自己必须完美，要求自己不能输给任何人，这当然是不可能的。

时至今日，我才真正接受我自己——不完美的自己、有缺憾的自己、每一个时间段的自己。

当安静地坐在桌子前，当孤身走在人群中出神，当在课堂上看着窗外，当夜晚降临、台灯昏黄，我会想起曾经发生的一些事，会后悔当初的某些做法，后悔跟人吵架的时候没有说出心中的话，后悔跟父母闹矛盾……

我们总是在后悔曾经这件事没做好、那件事没做对。但我们要接受那个并不完美的自己，这样我们才能成为更完美的自己。

曾经的故事不便多说，但是——那些孤独的岁月，造就了我的坚强；那些独来独往的时光，造就了我的温柔；那些失去的快乐，让我学会珍惜；那些被嘲笑的梦想，让我坚定了我的选择；那些堕落、放弃与无奈，让我成长；那些藏在记忆深处无法忘怀的痛苦，构筑了我的整个灵魂；每一个阶段的自己，才成就了现在的自己。要相信，在做自己这件事上，没有人能做得比你更好。

我很喜欢一句话："愿你终生美丽，但也不必终生美丽。"我也把这句话送给你们。

愿你们终生美丽，却也不必终生美丽。

去拥抱一个美好的未来

张　婷

张　婷

【个人简介】张婷，女，来自四川省南江县下两镇帽坝村，2021 年考入北京航空航天大学致真书院。

一、序言

未来是什么样？没有人能给出准确的答案。我们能做的，便是做好当下，为未来上色，去创造一个美好的未来。希望我的一些感悟，能够给你们带来启发，助你们扬帆远航。

二、回望来时路

犹记得初入高中校园时，新的环境、更多的课程、更重的任务，一切都好像与初中有点不大一样，我也曾不适应，也曾迷茫。渐渐地，随着学习的深入，我也开始明确了自己的目标，也有了努力学习的动力。

对于高中的学习来说，目标尤其重要。我们要选定一所目标大学，要对自己有正确的认知。如果对自己的期望过低，会因觉得自己已经达到了目标无需再努力；而如果对自己的期望过高，则会因觉得目标太过遥远难以实现而放弃。刚入学时，我满怀期待，在明信片上写下了自己想要步入的大学和对未来的期许。从那以后，我便开始向目标奋斗，但迎接我的却是第一次月考的失败。我现在仍然记得，那是一种心情跌入谷底的感觉，伤心是难免的，但庆幸的是我迅速调整了状态，分析了自己的不足之处，以更加饱满的热情朝着目标前进。而后的学习过程中，我也曾有过数次的"发挥失常"，但我跌倒之后迅速爬起来，总结经验，昂首阔步继续向前走。有了目标后，我在面对任何的挑战与挫折时都不会轻言放弃。目标敦促着我们前进，无论最终的结果如何，只要我们为之奋斗过便不会有遗憾。就如同为了看到最美的落日而登山，就算登顶时你已经错过落日，但你也收获了沿途的风景，还有一路上同伴间的回忆与感动。

我们都知道高中尤其高三是很"苦"的，总有背不完的知识点，总有刷不完的题，几乎每天都在题海中度过。我也曾挑灯夜战，也曾因作业而感到烦闷，但我不言放弃，我一直努力坚持。直到走出考场的那一刻，我感受到前所未有的轻松，感觉一切的"苦"都是值得的。风雨之后才能见彩虹，一路风雨兼程，一路披荆斩棘，相信你们也能看到最美丽的彩虹。

三、经验分享

我相信只有极少数的人是有学习天赋的，包括我在内的很多人靠的是勤奋和努力。因此，在学习的过程中，我们需要一套适合自己的学习方法。

对于英语的学习，多记单词是非常必要的，有一定的单词积累量后，英语成绩会有所提高。关于英语作文，书写规范很重要，工整的书写对于提高作文分数有很大的帮助。我们还可以多背作文句式，用于提高作文的档次。

对于数学、物理和化学的学习，我们不仅要记住一些方法与结论，更要学会总结错题，不用把每道错题都写到错题本上，写下自己觉得很有必要的、能够让自己学到更多知识的题便足够。对于每一道题，我们还可以写上自己的见解或者错误的原因，要能够体现自己的思考，否则便没有任何用处。

对于生物的学习，错题本也是必要的，但生物的错题本与数学等的错题本或许不大一样。比如，对于一道选择题，我们可以写下自己容易出错的选项，可以直接摘抄正确的句子，或者摘抄错误的句子后再用不同颜色的笔进行修正，也可再写下句子的错误原因或者其他相关知识。这样一来，我们在复习时也能辅助记忆。

还有很重要的一点是：多思考、多提问。首先是多问老师。即使是非常简单的问题，我们也可以向老师提问，老师会认真解答每一个问题，同时也会帮助我们加深对知识的理解，巩固所学知识。其次是问身边的同学。同学也是我们可以利用的宝贵资源。对于你不明白的问题，身边的同学能用他的思考方式讲解得通俗易懂、清晰明了。最后，要学会独立思考。对于一道未能做出来的题目，我们也要有自己的理解与认识，否则从别人那里得来而未经过消化的知识，终究是别人的东西，下次再遇到时你依旧会手足无措。

这些是我在高中的学习过程中所总结的部分经验。如果要取得更大的进步，你还得有适合自己的、更加完整的学习方法，也希望我所分享的经验能够对你们有所帮助。

四、大学生活

高中结束之后，大学又将是一个新的开始。

相比繁重的高中生活而言，大学无疑是更加自由的。在大学，每天属于自己可支配的时间更多，对于学习的自主性的要求也会更高，各种各样的社团都等着你的加入，更多精彩的活动等着你的参与，你也可以找到一个让自己发光发热的舞台，你也能迅速得到全方位的成长……这样的大学生活十分美好。

但是，这也仅是大学生活的一部分，也总有人在图书馆或者教室学习到深夜。记得刚进入大学时，有老师曾对我们说过："大学，就是将大部分时间用于学习。"由此可见在大学里学习依旧必不可少。

大学更加自由，生活也更加丰富多彩，但不要忘了继续学习，这也算是我对即将要步入大学生活的学弟学妹们的"小提醒"。

五、结语

正如《剪裁人生》中的一句话："有人是含着金汤匙出生的，有人是含着银汤匙出生的，而我是含着自己的手指出生的，所以，我只能靠自己！"绝大多数的我们都得靠自己的拼搏与努力，在高中这个可以奋力拼搏的时光，我们不要选择躺平，不要让自己留有遗憾，要朝着目标奋勇向前，创造出一片属于自己的天地，去拥抱一个更加美好的未来！

不断成长，不断追逐心中的光

陈亚东

陈亚东

【个人简介】陈亚东，男，来自四川省南江县和平镇铁炉村。长赤中学高 2020 届 6 班学生，2020 年考入清华大学机械、航空与动力专业。

一、求学经历

1. 播籽

求学之路漫漫，唯有坚毅方可至彼岸。求学之路亦是我们的成长之路，在这路途中，我们不断成长，不断追逐心中所属的光。

我求学路上的最初 5 年是在铁炉村小学度过的。上学的时候，我们班上一个老师既教数学又教语文。在乡村小学上学时，每天早上，我们会自带一瓶水、一盒饭菜（学校不提供饭菜与饮水设施），步行 30 分钟到学校。上午上完 3 节课后，我们午饭时就吃自带的盒饭；下午放学后，我们又步行 30 分钟回家。

在乡村小学的时候，我们处在一个信息相对封闭与滞后的地区，没有对外界的深入了解，甚至电视机也是我上小学二年级后家里才添置的。我的成绩一直稳定在班级第一、二名，但当我第一次迈入和平镇九年义务教育学校的大门时，我才深知自己的渺小。

在此之前，我从未见过如此大的学校、如此"完备"的设施、如此多的同学……自己本以为的优秀成绩瞬间变得不值一提。认识到自己的差距与不足后，我变得更加刻苦努力。在课堂上，我会认真听讲，课下会积极完成作业。随着我的点滴努力，自己的成绩逐渐好转，成绩一度名列年级前茅。但五、六年级的时候，我开始沉迷于手机游戏，不再用心学习，我的成绩严重下滑。在这件事的影响下，我小升初的成绩极其不理想。

2. 耕耘

我初中是在长赤中学就读的。因为我的小升初成绩不理想，最终我只进入了一个普通实验班。刚进入这个我认为较差的班的时候，第一次月考便给了我当头一棒。班级第 20 名、年级第 99 名的成绩让我陷入了沉思。我一个人走在回宿舍的路上，仰望着满天星空，我下定决心要成为最优秀的那一个！有幸的是，在这个班级中，我遇见了我人生中的一位重要恩师：何林老师。第一次进入这个班级，我就深深地被何老师的人格魅力所折服。在数学课堂上，他会细致讲解；对于课堂下我的疑惑，何老师也会耐心地给我解答。当我取得进步的时候，何老师会在全班同学面前表扬我；当我犯错的时候，何老师同样会在全班同学面前批评我。正是在何老师的激励与纠正下，我逐渐找到了学习的目标与动力，我从最初的年级第 99 名逐渐上升到年级前 5 名。在中考时，我也取得了较为优秀的成绩，最终得以顺利考入长赤中学特优班。

进入特优班后，我遇到了人生中另一位重要恩师：袁清平老师。袁老师是我见过的最负责任的班主任之一。让我感触最深的是在上衔接课的时候，袁老师对我们的激励与期许。他会给我们展示与大学相关的视频，让我们把自己理想的大学写在信封里，并在三年后交给我们。在平时学习期间，袁老师也会用一些励志的名言来鼓励我们，给我们加油打气。袁老师的话语在我刚步入高中的校门时便深深烙印于我的脑海，这也成为我日后圆梦清华大学的种子。其激励我从高中一开始就全身心地投入到学习中，最终将梦想变成现实。

二、学习心得

为了让学弟学妹们真正有所收获，我简单整理了一些我初高中时的学习心得，希望可以为奋战在一线的你们提供些许帮助。

1. 初中篇：理想与自信

第一，心怀理想，无惧前行。也许你们中的有些同学刚刚踏入长赤中学的校门，面对陌生的校园环境还有些许忐忑。我想告诉你们的是：在你们全力以赴之前，请拥有一个属于自己的理想。刚上初中时的我，面对成绩的巨大落差，心里十分焦急与无奈，那时候考到班级第一名成了我最直接的理想。犹记得我曾多次在梦中梦见自己真的做到了，醒来却发现只是一场空……但正是我心中那闪动着的理想微光，给我的学习和生活指明了方向，不断给我前行的力量，最终我也将其从梦中美好的幻想变成了现实。

第二，全面发展，养成良好习惯。初中与小学最大的不同可能是课程种类的增多与学习难度的增大。面对纷繁复杂的课程，我们首先要做的是端正自己的态度，用心去学习每一门学科，绝不轻易放弃任何一门学科。记得我上初一的时候，由于几次地理考试的失利，我曾坚定地认为地理是我的弱势学科，认为我不可能学好地理，但通过后期的专注学习，我最终取得了很好的成绩。英语学科同样如此，由于我小学英语基础很差，刚上初中时，英语考试很难及格，但我并没有选择放弃，而是一直努力坚持，直到我的英语学习效率逐渐提高，并不断取得较大进步。最终，我在高考中英语也出奇地考了146分，成为我高考考得最好的科目。所以，我想说的是，没有哪一门学科天然是你的弱势，只要你愿意付出，弱势学科也能成为你的优势学科。在初中的时候需要做到各个学科均衡发展，保持优势，补进弱势。

初中作为高中与小学的衔接阶段，是我们培养良好习惯的关键阶段。例如，在初中，我会在课堂上认真听讲，上课做好笔记，考试前做好复习，中午睡午觉，每天坚持吃早饭，多参加户外锻炼……这些看似微小的良好习惯，不仅可以让我们在初中的学习中取得进步与成长，也会为我们将来在高中的学习生活打下坚实的基础。人无完人，我初中时也曾有一些不好的习惯：玩手机、打游戏等，但我并没有沉溺于此，而是始终以学习为主线，不断调整，主动去克服这些不良习惯。希望学弟学妹们引以为戒，做自己人生的指挥家。

第三，收获自信与友谊。作为一名成绩中等的学生，最需要的就是自信。以我个人为例，我深刻记得有一次月考的时候，我的生物成绩是

95分，年级排名第一，这也许只是一件小事，却给了当时正处在困境的我以极大的激励。从此我爱上生物课，每一节课上我都会全神贯注地听讲，甚至课后我会不断记忆背诵生物书，直到可以从第一页背到最后一页。我在生物学科上成绩不断突破，不断积累自己的信心。最终，不只是生物，其他科目的成绩也同样有了显著的提升。学习有时候确实是一件枯燥的事情，但只要我们愿意付出，从小的成就中收获自信，并将信心不断积累，学习也会成为一件有趣的事情。

此外，初中是我们个人成长的关键时期。我们大可不必把所有时间都用在学习上，在课余时间积极参加体育运动。与同学建立牢固的友谊也是我们快乐学习的关键一步。

2. 高中篇：心态与生活

第一，坚定目标，准备战斗。与初中的学习相似，高中的我们同样需要有一个奋斗的目标。高一时，我的班主任袁清平老师让我们写下自己的理想大学，我毅然决然地写下了清华大学，我当然知道这几个字意味着什么：更少的娱乐时间、更加艰苦的学习历程、更加辉煌的结果。可能是我从入学一开始便做好了充分的心理准备，并且选择好了目标，我第一次考试便出奇地取得年级第一的成绩，当时我也感到诧异，认为这只是我运气好。第二次考试时我的成绩是年级第二，此时我真正开始相信，我真的可以成为最优秀的那一个。从那以后，每次考试，年级第一都是我最基本的目标。在将"年级第一"作为短期目标、"清华大学"作为长期目标的推动下，我获得了源源不断的学习动力，并不断取得进步，最终实现了自己的目标。所以在我们行动之前，找好自己的目标，才能事半功倍。

第二，放弃幻想，珍惜当下。如果你正在读高一、高二，那么恭喜你，你还有巨大的提升空间。对我来说，高一、高二才是我学习的主战场，高三只是对知识的简单重复与熟练运用。高二结束的时候，我的理综成绩已经可以达到 280 分，最后一年的练习时间里，取得的进步很有限。换言之，不要寄太多的希望到高三的最后冲刺阶段，我们需要做的是：从高一一开始就做好每一件事，珍惜每一节课，将自己的基础牢固化，这样才能在最后的冲刺中爆发出力量。

第三，学会生活，做自己的主人。一个好的学习状态必然需要合理的生活作息支撑。高中三年，我都会坚持睡午觉，随着学习量的增大，相应的休息时间也会增加。除此之外，我会坚持每晚最晚 12 点睡觉，坚持早上吃早饭，坚持每周至少运动一次……正是这些简单习惯的叠加，让我在整个学习过程始终保持精力充沛。高中三年，我上课没有睡过一次觉，下课也极少犯困。高中的课业量确实很大，但养成一个规律的生活习惯与获得充沛的精神能支持我们在学习的道路上不断前行，披荆斩棘！

第四，积极调整心态，不做精神的奴隶。高中的时候，我们会有写不完的作业、听不完的课、考不完的试。学习充满了压力，有时候一件小事都有可能让我们感到崩溃，此时我们需要找到调整自己的方法。例如，当我考试失利的时候，我会在操场跑几圈步；当我心情低落的时候，我会回宿舍睡觉，好好休息一下；当我受到重大打击的时候，我会独自一个人在街上散步或者捂在被子里哭一场；当我遇到烦心事的时候，我会主动与人分享。通过积极的调整，我们要尽量使自己处在一个积极的状态，要更加乐观、更加自信、更加外向地去迎接每一天，做好每一件事。

三、学科学习

以上主要给大家分享了我中学时期在生活和心态方面的心得，下面给学弟学妹们分享一些具体的学习方法（以英语和理综为例），希望能给你们些许帮助。

1. 英语

如上文所讲，刚上初中时，我的英语成绩很差，每次考试的时候英语都会拖我的后腿。但有一点对我而言很重要，那就是初中英语课是我听得最有精神、最认真的一门课。如果想要学好英语，我们首先要端正自己的态度，要对学好这门学科充满信心，而不能因为它是自己的弱势学科而理所当然地放弃。

有了基本的学习认知后，接下来我们需要做的是认真听课，对于听课这一点我深有体会。虽然在初中后期，我的成绩比较靠前，但由于我对课堂不够重视，成绩一直很难拔尖。不过，从高中开始，我对课堂就极为重视，我会用心听每一节课，最终才取得了成绩的突破。所以课堂是我们获取知识的主要阵地，学弟学妹们一定要重视课堂。

除此之外，英语学习是一个长期积累的过程。高中时，在有了一定的英语知识基础之后，我会每天给自己安排英语学习任务，例如，每天听一篇听力，每天完成 3 篇阅读理解，每天坚持背四级词汇，每周写一篇英语作文。只有这样日复一日的积累，我们才能不断取得进步。

2. 理综

从高一开始，理科便是我的强势学科，我觉得最主要的原因是我对课堂的重视。我们的理科老师是我们年级的"最强阵容"，他们在我遇到困难的时候，给我提供了很多帮助。

关于如何提高课堂知识学习效率，我的做法如下：课堂上紧跟老师节奏走，遇到不懂的问题，马上用一个小纸条简单地记下来，下课后先复习一遍老师所讲的内容以及自己上课时整理的不懂的点；如果仍然不懂的话，我会马上咨询同学或者老师，直到问题解决；上课遇到一些重点的知识时，我会自己强化记忆一遍（比如在心中默念三遍），这样可以加深对知识点的掌握，提高学习效率。

除此之外，刷题也必不可少，但是我建议大家高一、高二时不要大量刷题，课堂上认真听讲，下课后把老师布置的作业都认真完成。高三的时候，我们可以选择性地多做一点题，但课堂学习依旧是重点。

很多同学可能会担心自己理综做题速度慢。其实做题速度慢不是什么技巧性问题，而是知识性问题。如果我们对一个知识点的掌握不牢，相关的模型在脑海里没有印象，做题速度自然就慢了。所以平时练习中，我们不需要刻意练习做题速度，对知识点掌握熟练了，做题速度自然就快了。

希望以上的学习方法能够给大家些许启示与帮助。同时希望大家在学习中不断发现自己的问题，并不断调整，提出相应的解决措施。

四、结语

长赤中学的校园很美，美到任何角落都能成为一道风景；长赤中学的世界很大，大到可以让你获得全面的发展；长赤中学的老师很负责、很优秀，愿意为学生的进步呕心沥血。长赤中学是我改变命运的地方，也希望各位学弟学妹们珍惜在长赤中学学习的美好时光，收获自己的成长，发现自己的潜力，追逐自己心中的光！最后送给大家一句清华大学的名言："让我们从我做起，从现在做起！"

——我在清华大学等你来！

给时光以生命

廖紫江

廖紫江

【个人简介】廖紫江，男，来自四川省南江县侯家镇，2020 年考入电子科技大学信息与通信工程系。

一、少年心事当拏云

我是在一个小山村里长大的，幼时的我几乎从未接触过外面的世界。仍记得上小学时我的最大愿望就是考上长赤中学初中网络班，但当我进入长赤中学时，我发现一切才刚刚开始，我已与外面的世界拉开了太大距离，现实的场景剧烈地冲击着我，我有过彷徨、羡慕甚至是自卑。

但我骨子里不服输的精神战胜了其他的所有，我开始疯狂追赶一切。上初中以前我没学过英语，我便从最简单的单词开始学起。我非常感谢我的英语老师何明钦，他总是在办公室耐心地给我讲解。但与此同时我也开始疯狂接触其他事物，其中以网络为主，我开始沉迷于游戏，但同时我又不想落下学业，于是我经常学到晚上一两点才入睡。当我因极度耗脑而开始出现神经衰弱的症状时，我才意识到事情的严重性，于是我强制自己卸载软件、调整作息。就这样，我的成绩开始慢慢提升，这也为我在长赤中学六年的学习生活打下了坚实的基础。

二、天道酬真勤

勤奋没有错，但合理且有效的方法可以极大地提高学习效率。我在此给大学分享几点学习方法。

第一，重视预习。在高中前两年的学习中，我们的主要任务就是上新课，这时预习就显得极为重要。我总会将相当一部分精力投入到预习中，既可以培养我们自学、独立思考的能力，又可以使我们提前了解新课的内容。这样一来，我们在课堂上就可以集中精力跟上老师的步伐。课堂的节奏是很快的，一旦我们走神，就很可能无法跟上整堂课的节奏。

第二，在合适的时间及时重复。我们都很熟悉艾宾浩斯曲线，所以每次上完新课后，我会抽出一到两分钟回忆上节课的内容，这让我可以快速地再次重温新学的概念与知识点；每天晚上睡觉前我会回忆当天所学的内容，并将其加入自己整个知识体系中。

第三，学会总结与找到合适的方法。高三时，我将很多精力投入到笔记上。我除了在笔记本上记错题，还会记上我解题时的经过以及自己的理解。当我再次看笔记时不仅仅是看答案，还会重温一次解题的心境。我还喜欢总结一些解题的小技巧或者背一些特殊的公式，比如，判断二面角的正负、动量与动能守恒方程组解的一般表达式等。

第四，重视阅读。除了课堂知识外，我还喜欢阅读一些文学作品，在文学中慰藉我的心灵。高三是我看书最多的时期，从《平凡的世界》《文明的冲突》到《乌合之众》，后来我又迷上了侦探小说。当时我每天最大的乐趣就是做完作业回宿舍看书。当我沉浸于侦探小说时，我的逻辑思维得到了锻炼。在悬疑的剧情、巧妙的推理中，我忘却了高三日复一日的枯燥，反而开始尝试品味生活，享受这段独特的时光，感受生活的魅力。

　　加油吧，同学们！无论什么时候，都要相信生活，相信希望。我始终记得刚进校时李彬老师对我说的话：只有拼出来的美丽，没有等出来的辉煌！

珍惜学习时光，努力高效学习

何亿元

何亿元

【个人简介】何亿元，男，来自四川省南江县长赤镇，2020年考入北京航空航天大学。

一、序言

年少懵懂时，我总是没有一个特定的目标，或许遭遇一些事情之后，我们会感到求学之路的坎坷；但是调整状态之后，奋力一搏，才发现山的那边是一片灿烂花海，等你徜徉。

二、成长经历

或许我们的岁月当中时时刻刻都有学习的身影伴随着我们，但是我在求学时，却并未选择与学习同行。于是我早期就过得十分迷茫。初入初中，我只进入了普通班，刚开始我只能排到普通班的二三十名。那时我沉迷于游戏，虽然初升高时，我考入了长赤中学特优班，但是刚进入高中时，我依然不思正业。直到后来我明白了学习的重要性，才开始努力学习。通过不断努力，我最终考上了自己较为心仪的大学。

三、学习方法

掌握良好的学习方法是一件很重要的事情，但又不是一件容易的事情，这需要付出艰苦的努力，需要持之以恒的精神。

王国维有段为世人常常引用的名言："古今之成大事业、大学问者，必须经过三种境界：'昨夜西风凋碧树，独上高楼，望尽天涯路。'此第一境也；'衣带渐宽终不悔，为伊消得人憔悴。'此第二境也；'众里寻他千百度，蓦然回首，那人却在灯火阑珊处。'此第三境也。"第一境说的是要有信心，"独上高楼"，非信心不可；第二境说的是要有决心，"终不悔"实在是最大之决心了；第三境说的是要有恒心，"众里寻他千百度"，没有恒心，如何达得到？

古人说："凡事预则立，不预则废。"智力相同的两个学生有无学习计划，直接影响其学习效果。科学地利用时间，在有限的时间内有计划地学习，这是科学学习方法的一条重要原则。所以学习缺乏计划性是成绩难以提高的主要原因之一。

我们要提高学习效率，变被动学习为主动学习，做学习的主人。这样一步一步来，我们才能实现自己的目标。

最后，希望大家能珍惜此刻的学习时光，珍惜你们的朋友，不论有没有矛盾，大家都是同学、朋友，你们毕业后，就要离别校园，彼此之间便难以再相见。此刻想来，我感觉很茫然，不知道自己这三年得到了什么，失去了什么。离开校园后，我才知道自己多么怀恋校园、老师和同学。大家要好好珍惜此刻的时光，不要像我一样感到茫然。我们还要多锻炼自己各方面的能力。当你们走上社会就会明白，学历不是一切，潜力才最重要。

坚持努力，梦想花开

吕海生

吕海生

【**个人简介**】吕海生，男，来自南江县正直镇，2020 年考入华中科技大学工程管理专业。

一、学习经历

贫贱忧戚，庸玉汝于成也。小时候，我家里经济条件差，父母自我三岁起就到海南务工，我便一直与爷爷奶奶生活在一起，时常还要做一些如放牛、割草、收庄稼等农活。但爷爷奶奶的关爱使我那定格于贫瘠山村的童年格外温暖、美好。上小学一年级时，我因为在数学方面有一定天赋，亲人们时常在有客人时出一些加减法的题让我口算，让客人惊叹我的速度和准确度。自那时起，我便将学习视为一件快乐、有意义的事。就这样，我的成绩便一直名列前茅。

2013 年，我走出乡里一个年级只有几十个人的小学，来到长赤中学。我参加了长赤中学的自主招生考试，考试题目对一个乡村小学毕业的人来说太难了。考完试，我本担心自己可能考不上长赤中学，但幸运的是，最后我不仅考上了，还考进了实验班。这对一个乡村小学的孩子来说的确挺不容易，初中班主任吴琳老师在我报名时惊讶地对我说："你就是那个朱公乡的娃吧？"

2016 年，我又顺利考入了长赤中学高中部的实验班。但是到了高中，我就开始松懈了，高一、高二时我经常晚上玩到很晚，早上上自习课时浑浑噩噩，经常不知道是英语自习课还是语文自习课。就这样，我的成绩也一直处于班级中游水平，平时的考试成绩也只有 500 多分。

刚进入高三时，我在一次考试中发挥得很好，考了 600 分。看着成绩单上的分数，我内心窃喜，我发现我已经很久没有考过这么高的分数了，我便下定决心：要把游戏放在一边，一心向学，在之后的考试中我都要考 600 多分。此后我才真正开始高中阶段的学习，越努力学习越发现自己落下的东西太多了，有一段时间我每天学到凌晨 1 点多，早上还强迫自己醒来。不到一年时间，我便从 500 分出头考到高考时的 645 分，最后被吉林大学通信工程专业录取。

但是，由于 2019 年高考时我的理综成绩并没有考好，再加上自己只努力了一年，所以我选择了复读。我的复读结果比前一年好一点。

二、个人感悟

我知道你们当中一定有人像我高一、高二那样在学校里浑浑噩噩地度过，也一定有人对学习不怎么在乎、不怎么努力，甚至还会有人看不起那些努力学习但是成绩只比你好一点或者跟你差不多的人，心想我要是努力学习早就比他厉害多了。但是事实上，你只是懦弱而已，你怕自己努力了还学不好，你就没了学不好的借口。不要看不起任何人的努力，不要在意任何人的眼光，大胆地去努力、去争取！

最后，我想向那些教过我的老师致敬，向培养我的长赤中学致敬，今后我在远方的大学、在工作的岗位上依然为长赤中学呐喊："长赤中学加油！长赤中学必胜！"

三、学习方法

在 2020 年高考中，我的数学和物理都接近满分（分别是 144 分和 109 分），因此，我愿意和你们分享一些我擅长的理科科目的学习方法。在这里，我想让同学们思考一下：今天的你相比昨天的你，在学习和知识储备上有什么不同？如果今天的自己和昨天的自己没有什么区别，那我们来学校的意义是什么？那我们每天坐在教室里的意义是什么？

在这里，我想分享一个能让你回答这个问题的学习方法，那就是用进步本。具体来讲，就是将每天学到的新东西、不知道的解题技巧一条一条地写在进步本上。以我自己为例，我复读时采用的就是这个方法，在高考 640 多分的基础上我每天还能记 10 多条。值得注意的是，一定要把每天的日期写上，这样你才能清楚地知道自己今天学到了多少、进步了多少，才能让你明白你没有在学校混日子，你在慢慢提升自己，这能给你极强的自信和坚持学下去的鼓舞。

四、结语

河面上没有桥还可以等待结冰，走过漫长的黑夜便是黎明。学弟学妹们，坚持努力，长赤中学六月的烟花将为你们绽放！

致学弟学妹

蒲俊松

蒲俊松

【个人简介】蒲俊松，男，2020年高考以优异成绩考入武汉大学。

　　青春是一场跌跌撞撞的旅行，人生最大的悲痛莫过于辜负青春。曾经，我们迷茫过、无助过、挫败过，品味过失败的苦涩，也感受过成功的喜悦。青春是稍纵即逝的，当我们回首往事的时候，不会因碌碌无为而悔恨，也不会因虚度年华而愧疚，那我们就可以说："我的青春无悔。"

一、成长经历

　　我出生于农村，我的父母都是打工人。刚上学的前两年，我在乡村小学念书，后来被父母接到了上海读书。从农村步入城市，我增涨了很多的见识。加上有父母在身边，我在学习上也受到了父母的管教，养成了一个良好的学习习惯。但我生性贪玩，总被老师说没有真正用心。小学的时候我喜欢看一些稀奇古怪的与科学有关的书，当然看了之后没多久就会忘了。但这激发了我学习的兴趣，其实学习也不是一件枯燥无味的事。初二的时候，我回到老家，在长赤中学念初二，我发现学校数学教材里的很多内容都是之前学过的，加上我的英语水平也比较高，回到老家后我开始住校生活，缺乏自律，于是我就没有努力学习。那时候我的班主任吴晓轩老师发现了这个问题，他总是鞭策我、督促我学习，还说服我的母亲来陪读。我的学习才终于步入正轨。

上了高中后，我遇见了很多成绩更好的同学。每次考试成绩不理想时，我都会有一种很深的挫败感，考完试后我总是想：这道题要是不做错，我就能得多少分了。后来我明白，这都是太过在意成绩的表现，其实高考之前的考试都是用来帮助我们发现问题和解决问题的，正如某位老师所说：每次考试考砸了，你都要想着是上帝在眷顾你，你错得越多，证明你暴露的问题越多，你能收获的也越多；而一个满分的同学没有暴露问题，他的收获就少，就白白浪费了一次考试。这其实是心态问题，高中时的学习心态很重要，练就一颗强大的心，能让你在只有一次的高考场上灵活应变，稳定输出。

我在长赤中学学习了五年，长赤中学是一个温暖的大家庭，我在这里遇到了悉心教导、体贴关爱的老师们，我特别感谢他们，没有他们的栽培和指导，我就无法取得如今的成绩。

二、学习方法

我认为最好的学习方法就是在平时踏实学习。如何做到踏实学习呢？我们要在上课时认真听讲、做笔记，在课后及时消化知识，消化的方法有看题、刷题、讲题等。我们还要学会分类整理错题，比如，数学科目较难的是导数题，而导数题又有不同的题型、套路，我们可以把用了相同方法的题整理到一块。

三、大学那些事

上了大学后，我才发现大学和自己想象中的不一样，大学有很难的课程，还有参加不完的活动。只要你想，你就能变得很忙，且把生活变得很充实。你会碰见更多不同类型的人。在这里，每个人的个性都能得到更好的发展，你能提升各方面的能力，无论是与人沟通交流的能力，还是组织能力、创造能力。

大学里，你同样要确定好自己的目标，毕业后是读研、留学还是工作？确定目标后，你就可以从大一就开始做准备。

最后，我想说既然处在这风华正茂的年纪，我们有什么理由不去拼搏、不去奋斗？为了我们美好的未来，不负青春，不负韶华。

高远的天空，永恒的追求

苏洋仪

苏洋仪

【**个人简介**】苏洋仪，男，2020 年考入中国人民解放军空军航空大学。

一、学习经历

我小学毕业后参加长赤中学招生考试，顺利考入初中网络直升班，在初中时期我成绩一直都很好，稳定在全校前十五名左右。初三毕业后，我又通过长赤中学的自主招生考试，考入了自强班。初入高中，由于我自以为基础良好，我开始对学习不上心。我晚上看小说至凌晨 2 点多，这导致我白天总是犯困，也一点没听进去课上的知识。有一次我甚至为看一本小说从晚上睡觉看到早上起床，最终的结果是我上课睁着眼都可以睡着。由于前期的课程简单，加上我也有一点基础，我第一次月考排名在全年级第 20 名左右，这让我更加不思进取了。这也导致我后面成绩一直下滑，直到高一下学期期末考试，我排到了 100 多名。但我仍然浑浑噩噩地活着，成绩也就暂且不提了。

直到有一天招募飞行员的人员来学校宣传，其中让我印象最深的一句话是：比陆地宽广的是海洋，比海洋宽广的是天空，比天空宽广的是飞行员的胸怀。这句话听得我热血沸腾，于是我选择了报名。经过层层筛选，整个长赤中学乃至整个南江县仅我一人通过选拔。回到家后，父母很高兴，亲友来贺；回到学校后老师、同学也都纷纷祝贺我，这让我感到似乎考上很容易，之后我也并没有好好珍惜这来之不易的机会，我还是和以往一样浑浑噩噩地活着。

高考结束后，结局很显然：我没考上。我失去了宝贵的机会。我翻看了志愿书，但是把书翻完我也没有找到自己喜欢的大学和专业，那时我才发现我最喜欢的就是飞行技术专业。

曾几何时我也问过我自己，我的梦想是什么？当我高考之后拿着志愿书却找不到一个我喜欢的专业时，我才明白，我错过的就是我的梦想。通知书陆续发放，许多人都欢声笑语，都被亲朋祝贺着。我的同学都考得很好，大多都被知名院校录取了。如果我没有选择虚度光阴，当时的我应该也会考入一所好大学。可惜没有如果，时间永远不会倒流。当时的我很难过，但我没有选择逃避，逃避现实是懦夫的行为。那时的我想到的只有一句话：天行健，君子以自强不息。

于是，我选择了复读，选择了追逐我的梦想。

追梦的途中是痛苦的，但也是快乐和充实的。复读时我把"天行健，君子以自强不息"写在了桌上，以警示自己。我每天都在学习和锻炼中度过。我白天抓紧时间学习，那时我吃饭只用 6 分钟左右，然后跑着去学校学习，中午休息 15 分钟，晚上学习到 10 点半。为了保持身体健康，每天晚上我都会坚持跑 10 圈，有时天气很冷，学校操场中只剩我一人跑步，我呼吸着冰冷的空气，但为了能通过体检我也只能坚持。夜晚的跑步，深夜的学习，日复一日，我的成绩也逐渐提升，体检也一次次地通过，我也再次成为当年县里唯一通过飞行员选拔的人。

高考后我填下了那个可以让我圆梦的大学。当我拿到录取通知书的时候，我哭了——喜极而泣，所有的心酸都化作了泪水，我的付出也终于得到了回报。

二、结语

唯有踏实勤奋、勤学苦练才能成为逐梦路上的圆梦人。

高远的天空，永恒的追求，我必将翱翔于祖国的蓝天，将祖国这大好河山尽览于眼中。

感谢曾帮助我的老师们，谢谢你们！长赤中学加油，长赤中学必胜；我们加油，我们必胜！

你若盛开，清风徐来

申　涛

申　涛

【个人简介】申涛，男，来自南江县沙河镇，2019年以巴中市高考文科第一名的成绩考入中山大学。

或许当你第一眼看到这个题目时，会毫无犹豫地生出吐槽的冲动，心想：这么老土的标题，一看就知道又是什么不切实际的"心灵鸡汤"。对此，我必须要为这篇文章鸣不平了。希望你不要轻易地对这篇文章作出否定的评价，因为如果你愿意花一点宝贵的时间倾听我的故事，你会发现它确实是一碗"心灵鸡汤"，但也是一碗足够美味且会给你留下独特体味的"心灵鸡汤"。那么接下来，请听我细细道来有关我的故事。

一、学习经历

时间倒退回2012年的9月，那时的我，第一次来到长赤，也第一次走进长赤中学。对于新的校园生活，我充满了无尽的期待与遐想。尽管，这是我第一次离开家乡，第一次离开我的父母，来到一个完全陌生的环境学习和生活，但我并不畏惧或者悲伤。但事实证明，"理想"与现实总是有出入的。当然，那时的我也并没有想过我将会在这个地方度过我人生中最难忘的七年。

总结我的前六年，那便是"过山车"式的起起伏伏的学习成绩与最终稍显遗憾的结局。

初中时期大致呈现如下变化：从初一时挣扎在班级倒数的噩梦时期，到初二时小有付出后的上升时期，再到初三时稍稍松懈后的停滞不前时期，我的初中三年还是以稍显遗憾的方式落幕了。如果你想问我具体的结果是什么，我只能说，是完全会被淹没在高分如云的中考考生中的程度。

然而，"人在学海，身不由己"。即使我并没有很扎实的基础，我也依然要面对竞争更为激烈、充满了更多困难的高中生涯，就如同一个毫无功夫的人被推进了激烈的战场。如果始终如此，结局自然会惨不忍睹，我大概率会沦为炮灰。可我从来都不是一个容易绝望或放弃的人。因此，刚升入高一的我，总是尽全力地对待每一科，想要实现成绩上的突破。但是一个人总会遇到你再怎么努力也改变不了的困境。分科前的我便是如此，相较于花费了大量时间与精力却收效甚微的理综，几乎没怎么花过时间的文综反而让我取得意想不到的成绩，因此对于分科的选择我开始犹豫不决了。至少那时的我会觉得分科是世界上最难的选择。而在现在的我看来，这样的选择绝不会是我们人生中的唯一一次，也并非是难以做出的选择。因为不管我们做出什么选择，只需要遵从自己的内心，而不是因为周围人的劝说，也不是因为自我的妥协。

　　不过，这一道理也是我用了将近一年的时间才懂得的。其实关于高中分科的选择问题，我从初三时就已经开始思考了。我总是会有意无意地询问周围同学的意向，想通过他们的想法给自己提供参考意见。得到的答案几乎都是一致的——选择理科。但是他们给出的理由都不能说服我做出和他们一样的选择。直到分科志愿表放在已身心俱疲的我的面前，我才恍然大悟。我一直忽略了自己的内心，也忽略了那个我早已做出的选择。一次次近乎相同的回答，一次次重复地询问，不正是证明了我的内心是想要听到一个选择文科的回答吗？这才是我的真实想法。而且，我在文科方面确实有一定的天分，我也对文科有着更大的兴趣。最终，不顾周围的质疑，我选择了文科。或许在大家看来，结局是成功的。但是我知道，通往这条成功的路上同样充满了荆棘。

　　分科后的开始时期，我的学习确实十分顺风顺水。课程内容总是有趣而容易理解掌握的，我的成绩排名也是非常靠前的。但是，我遇到了我不擅长的科目——数学。可以说，是它以一己之力阻绝了我前进的道路，折断了我追梦的翅膀。因此，我总是怀着无比沉重的心情度过每一堂数学课，怀着无比痛苦的心情参加每一次数学考试。结果可想而知，由于我的恐惧加上本能性的厌恶，数学始终如一地拖着我的后腿，也十分长情地陪伴了我的整个高中应届时期。不仅如此，由于数学一直是我的短板，而且我也没有找到提升的方法，所以我盲目地觉得自己的其他科目都非常好，以至于可以弥补数学的不足。而在高中三年，一切确实如我所愿，每一次的考试我都能够名列前茅。然而，我还是没有认清高考的本质要求：只有各科都能均衡发展，才有可能取得最好的成绩。

因此，在 2018 年的高考中，我不幸地取得了整个高中三年的最低名次，也是我唯一一次低于本科第一批次分数线。你可能会觉得奇怪，即使数学不好，其他科目也可以弥补其不足。但是我需要真诚地提醒大家，永远不要低估了你的短板会给你带来的危害，也不要忽视了一场大型考试中因为一门考试的发挥而影响全局的可能。当然了，这并不是我那年高考失利的全部原因。在核对了答案以后我才发现，自己一直以来都忽略了基础知识，导致许多难度较低的题目都由于平时的基础不扎实而丢了分。再加上语文难度较大、数学一如既往地考得较差，第二天的英语与文综考试也没有发挥好。因此，我的高中三年似乎就要以失败而告终。

但是，正如我所说的，我从来都不是一个轻言放弃的人。我并不觉得这应该是我的结局，我相信自己本可以做得更好，于是我毅然决然地选择了复读。当然，在做出这个决定后，难免面临周围人的质疑与不理解。在他们的眼中，我不过是一个不知道天高地厚的人。但只有我自己知道，我可以做到、也有能力达到我的目标。所以，2018 年的 7 月，不同于大多数的毕业生，我又回到了熟悉的学校，坐进了炎热的教室，也回到了梦重新开始的地方。

任何阶段的开始总是有些艰难的，我也确实体会到了身边人所说的复读生的痛苦。而且这份痛苦，的确要大于应届生，因为复读生所面临的心理压力要大得多。简单来说，我们就像是过独木桥的人，已经没有退路了，不敢想象也不愿想象如果失败了便会坠入脚下的万丈深渊的惨状。每一天都是复制粘贴般的生活：上课、吃饭、休息，还有数不清的考试，忙碌得让人甚至都感觉不到这种生活的单调。

在周围的人看来，我的高四似乎可以说是平步青云、轻松无比，再结合最终的结果，肯定是这样没错了。其实，他们只看到了一部分。只有我知道，无数个天还没有亮的早晨强忍着困倦起床的我，坐在清晨散发着热气的小店等待着早餐、手里还拿着生词本的我，每次考试前后无比紧张、看到结果后却又怅然若失的我……我的高四，是混合着喜悦的甜蜜与悲伤的酸楚的时光。但是不管我遇到了什么困难，我都坚持了下去，一直坚持到最后。因为我始终记得自己的初心——想要向所有人证明我自己的不甘心，这也化作了我前行路上最恒久的动力。

二、个人感悟与学习方法

我那甜蜜与苦涩交织的高中生涯永远地画上了句号，关于我的在校学习历程的讲述也告一段落。但我还有一些个人感悟以及自身的学习方法想要分享给大家，前者可供大家共勉，后者可供大家参考。

虽然我的高中生涯比大多数人略长，回忆起来，也不过是匆匆而逝的时光，但也是最难忘的时光。生命中的许多最重要的美好，并不是容易被我们感知到的眼前的欢愉，而是当它们已经离你远去，却仍然会在某个瞬间勾起你回忆的一段时光。也许当下的你会觉得这是你一生中最痛苦的时光，每天都有做不完的作业、上不完的课、听不完的唠叨和数不尽的青春期烦恼，所以你总有许多瞬间想要迅速地度过这段时间，你恨不得马上就能进入理想的大学，以逃离这里。

对此，我想要告诉你，人生的任何一个阶段，都不会是顺风如意的，即使进入了大学也是如此。可能你也早就明白了这个道理，甚至忍不住在心中问自己：所以，我努力地进入大学又有什么意义呢？生活不依旧是如此辛苦吗？但是，这并不意味着你们的努力是毫无意义的。因为进入大学以后，你会发现这个世界比你想象的更大，你的生活可以更加丰富，你的未来也可以有更多的可能。直观来讲，高考是一把钥匙，这把钥匙将为你打开一扇通往无限可能的大门。之所以无限，是因为一切的可能仍然取决于你的选择。

但是，抵达这一目标之前你仍然需要一些明确的方法。接下来，我将会尽我所能，为你提供一些较为实用的学习方法。

最重要的是要正确地认识自我。可能你会觉得这并不算学习方法，但它确实是一个思想基础，对于我们的学习至关重要。知己知彼，百战不殆。我们常说，一个人最大的敌人是他自己。那么试问，如果你对于你最大的敌人都不能有一个正确的认识，你如何确保战争的胜利？正确地认识自我，主要指的是我们要明确自己的所思所想，即我们真正想要的是什么？除此之外，正确地认识自我也要求我们要认识自身的优劣势，并懂得合理地发挥自身条件，以实现最大化的效果。

至于具体的学习实践环节，主要有以下几个小技巧可以供大家参考。

对于语文、英语和文综这样的语言学科，有一个通用方法，即要善于积累和总结。当然，不同学科的老师都会不厌其烦地提醒大家注意记忆的重要性，但是总会有一些同学没有明确的思路，容易出现事倍功半的现象。或许你可以尝试以下做法：为每一门语言类学科准备一个单独的笔记本。不同于课堂笔记本，这些笔记本主要用来积累与总结。以英语为例，除了课标词汇的记忆，我们还需要掌握很多的生词。比如，我们总会在考试时遇到一些课本上并未要求掌握的单词或短语，但老师在评讲试卷时总会强调。这时我们就可以把它们按照类别总结到积累本上，单词可按照首字母顺序进行总结，短语则根据其类别与使用特性进行分类。然后，我们要对所总结的生词以及短语进行记忆与回顾。此外，对于自己容易出错的题目所涉及的语法点，以及每次考试出现的重点题目与特色题目，我们也可以一并总结到积累本上。或许这样的记笔记方式会花费更多时间，但是对于提高记忆效率绝对是很好的选择。设想一下，如果每次考试前我们总会拿出大量的试卷复习，但是由于复习时间有限以及复习重点的不明确，这种方式的复习效果甚微，只能起到一点心理安慰作用。而在考试中，我们仍然会重复地犯错误。

因此，有效的积累与总结，才是提升自身记忆的科学方法。其他的语言学科也可以尝试以上方法。其实，根据我的亲身体验，这一方法同样适用于数学学科。

保持良好的心态也十分重要。我们要从不同的角度去看待一件事情。比如一次考试的失利，也可以看作是督促进步的动力。面对考试，我们同样也要保持良好的心态，既不要过于紧张，也不要放任自流。用老师们常说的话来讲：把平时的考试当作高考，把高考当成一次平时测试。

当然，任何学习方法都需要结合自身实际，融合自身特色。因此，以上所提到的方法仅供参考。大家也可以试着寻找自己的学习方法。

三、结语

之所以写这篇文章，是想要在和大家分享我的故事的同时，能够为各位提供一些有益的参考。希望我的故事能够为大家提供一定的鼓励与帮助。

回想我的中学生涯，充满了无数回忆。这些回忆也会被我永远地珍藏于心底。希望你们都能够收获属于自己的珍贵回忆，让你们能够在未来的某一个瞬间回忆起时，露出会心的一笑。

关于一个成长故事的总结

胡玉娇

【个人简介】胡玉娇，女，2019年以巴中市理科第二名的成绩考入北京大学，目前就读于北京大学政府管理学院。

胡玉娇

一、成长经历

记得 2015 年刚进入高中时，学校给我们发了《走在青春的路上》一书。时光飞逝，当时细细品味这本书的场景还历历在目，而现在我也要成为书里面的一员了。当我在电脑上敲下这些字时，其实我的心情是复杂的，因为我不知道到底该写下什么才能给读者带来有价值的东西，是如小标题所写的成长经历吗？我想不是，因为我不过是一个普通人，在人生前二十年里，我所有的不过只是一个普通人的成长路径。想了想还是决定写下我对于学习的一些看法和我的一些感悟，希望会对大家有帮助。

学习其实无非是学习习惯、学习方法、学习心态的结合。

二、学习习惯

学习习惯其实是老师经常强调却又往往容易被学生忽略的东西。好的学习习惯可以让我们的学习事半功倍。下面我将分课堂、课下、考试这三个部分来介绍一些让我受益的学习习惯。

在课堂上，最重要的是紧跟老师的节奏，理解和吸收知识点。此处最重要的是理解，其次才是记下来。但是很多同学把这两者搞反了，认为记笔记才是最重要的，所以在课堂上只顾埋头苦记笔记，结果导致没有完全理解透彻课堂上讲的知识，反而要在课下花上几倍甚至几十倍的时间去补偿课上的低效率，这是非常得不偿失的。老师讲课时我一般都是全神贯注的，我习惯左手持书或演草本，右手拿笔，遇到自己认为比较重要的地方或老师强调的地方，我会快速在演草纸上写下重点，然后到课下再整理到笔记本上。另外，在课上开小差和走神是很常见的，但我们还是要尽量减少这种情况。为了在课上集中精力，我把能分散注意力的东西全部从桌面上移走，只留下当堂课所需要的书本和笔。

在课下，我每周必做的是对于上一周的学习情况的复盘和对于自己为人处世和心态的自省。复盘可以帮助我们明确学习进度和自己掌握知识的程度以及时调整自己下一周的学习任务。自省时我会回忆和老师、同学、父母的相处情况，因为良好的人际关系也可以让我们在学习中保持愉悦的心情。在课下做作业的时候也要讲究效率，最好不要一遇到不会做的题就立马问同学，可以先把会做的题做完，再集中精力解决不会做的题和有疑问的题，这样做是为了在平时做作业时就有考试状态，以在考试时更容易进入状态。

考试时，特别是数学和理综考试时，我们可以在演算时标上相应的题号以方便考试时检查，这样也有益于自己在考后弄清楚做错题的原因。在考试中，我们可以对题目中的重点词汇如错误、正确等进行勾画以提醒自己。在考试中，我们发现自己不熟悉的知识点时要进行标注，考完试后要对相应的知识点进行复习。

三、学习方法

记得初中老师说过一句话：初中的学习还没到拼智商的程度。其实在我看来，高中的学习也是这样，智商平平的人也可以通过适合自己的学习方法考上好大学，问题是适合自己的学习方法在哪儿去找？我觉得有两个途径，一个是从身边的同学身上找，身边优秀的同学都是有良好的学习方法的，你可以暗中观察他们的学习方法或者是直接向他们请教。我记得高二的时候我的化学成绩特别差，但我们班上有一个同学的化学成绩特别好，他每次考试都比我高二十多分，后来每一次考试之后我都会把他的考卷借过来看看我和他究竟差在哪里，通过对他的试卷的分析，我发现了我的问题，也及时地把我的成绩提了上去。另一个是通过浏览相应的经验贴寻找学习方法，比如，知乎上有关于学习方法的讨论，你可以找一个时间段集中浏览一些高质量的回答，这样你就可以在短时间内获得大量的方法，而这些方法是非常有效的，所以你也可以很容易从中找到对你有效的方法。下面我就来分学科（理科）说一说我的学习方法。

1. 语文

语文最大的特点在于它很灵活。语文学习中，你不需要掌握公式和很多知识点，但是你要有真东西，那就是文学素养。提高文学素养是一个漫长的过程，需要你广泛涉猎。我的建议是坚持阅读时事新闻，我们每周都可以积累一些名人名事，这样可以让你在写作文时有例子可举。语文虽然很灵活，但也有诗词填写这类比较死板的知识，这是必须要掌握的，一定要熟练地背诵并且默写。我建议可以专门用一个本子来默写，每次默写后可以用红笔标注错误的地方，然后在考试前进行复习。另外在早读课的时候除了背诵诗词之外，我们还可以读一读作文的经典名篇，背一背文言文常识。

2. 数学

在数学学习中，最重要的是做题和总结。做题也是有讲究的，不能什么都做，也不能什么都不做。新学一个知识点时，我建议做所有的题，因为这可以帮助我们加深对知识点的理解。复习时，特别是当对某个知识点比较熟悉时，我们可以选择性地做一些创新的、经典的、难度适中的题目。错题本也是很有必要的，但在错题本上，我们不仅可以记错题，也可以记一些经典的题目。对于如何整理错题，我觉得最好的方式是按照自己喜欢的方式来，不必太过正式和工整，错题本整理出来是给自己看的，自己能看懂就行。但是我不太建议直接把错题抄在笔记本上，或者在课堂上照抄老师的步骤，这样做没有太大用处。我建议可以把错题剪下来直接贴到错题本上，然后在听了老师的讲解后自己再做一遍，并对于必要的地方进行标注。一方面，错题的积累相当于为自己打造了专属的题集，这样在考试之前就不会对复习感到无从下手。另一方面，积累错题也相当于是知识点的收集，你可以从错题本中发现自己未掌握的知识点，然后针对自己的弱项进行专项训练。

最后要特别注意考试中的心态管理，很多同学在做不出来题时心态就崩了，其实这完全没有必要。在考试中，对于暂时做不出来的题目，我们可以先跳过，然后集中精力做后面的题。

3. 英语

英语这门学科其实没有太多技巧可言，最重要的就是坚持。对于单词及其用法，我们掌握得越熟练越好，更要利用好碎片化的时间。对于听力，我们最好要精听，可以多听几次没有听懂的地方，实在听不懂也可以看原文，找到自己听不懂的原因所在。高考的英语听力偏简单，但一不小心也可能会失分，所以我们平时就要细心。另外，建议大家在拿到试卷之后先花时间看一下听力的题目，不要因小失大。对于作文，我们不一定要背诵范文，但是一定要积累一些好的开头和结尾，以及一些高级句式比如倒装、虚拟、从句等。在英语作文中字迹真的非常重要，字迹工整是基础要求。对于英语本来就比较好的同学，如果想突破瓶颈可以多刷套题。我在高三时有很长一段时间几乎是每天做一张英语试卷（除去听力和作文），如果你觉得不能坚持的话，可以跟自己的英语老师约定一下，这对于突破瓶颈还是有效的。

4. 物理

物理学习其实与数学学习差不多，也需要我们多练习、多总结。物理学习对于过程分析能力的要求比较高。对于一个物理过程的变化，我们要一步一步地分析，要由表及里，切忌盲目追求一蹴而就。在做物理大题时，我们要多写原始公式，但最好不要写连等式，因为连等式中一旦一个地方错了，整个题就全错了。做大题时，答案不是最重要的，如果实在没有时间算答案，我们也要多写公式和步骤。平时，我们可以多练习物理大题，因为物理大题比较锻炼思维，如果你把物理大题都弄清楚了，那么其他的题对你来说就不成问题了。另外在物理学习中，我们也要学会画图，如受力分析图、运动示意图等。画图可以辅助我们，让我们的思维更清晰。

5. 化学和生物

化学学习和生物学习都要求对书本特别熟悉。对于化学中那些物质的性质、用处、制备方法以及方程式要达到能够默写的程度。对于生物书上重要的黑体字部分，我们最好都要能背诵，平时还要多看书，注意每个细枝末节的地方，因为生物常考细枝末节的东西。另外，生物常考查很多文字描述题，所以我们要打磨自己的语言，以做到精准描述，建议可以多看看标准答案，然后进行模仿。

四、学习心态

心态在考试中非常重要，一个良好的心态甚至可以让你在考试中发挥出超常的水平；反之，一个悲观消极的心态也可以让你发挥失常。经过这么多次大大小小的考试后，我觉得最好的考试心态就是平淡、冷静。我发现身边的学霸往往在考试时都很平静，而平静的时候往往最容易一鸣惊人。在考前宣扬的、自暴自弃的人很大概率会发挥不好。但在考前，我们也不必刻意地在意自己的心态，可以去做该做的事情转移一下注意力，这样其实就很容易拥有平静的心态了。在考试期间，我很少跟别人讨论答案，我通常是考完一科就直接奔赴另外一科。另外除了考试期间的心态外，我们也要注意平时学习时的心态。在困难面前，我们要保持战胜它的决心和信心，世上没有永远的困难，只是我们在丧失信心之后，把困难想得过于强大，从而丧失了与之斗争的勇气。当我们的心态崩了，可以试着缓一缓、休息一下，别太着急，调整好状态再出发。

五、个人感悟

回想我的中学时代，除了学习之外，还有一些缺憾或者说在那个时候以我未考虑到的东西。

第一是沟通交流和合作的能力。这是非常重要的，无论是在中学、大学，还是在以后的职业道路上。在中学里，我们可以主动与老师和同学沟通学习上的问题或者生活中的迷茫，多听取他们的意见对我们的学习和成长都是有帮助的。如果说在中学里不会沟通或许问题还没那么大，但是在大学里，不沟通交流和合作是完全行不通的。大学里面的课程十分多样化，考核方式也不像中学那样局限。在一门课程中，老师会采用多种考核方式，再通过各个部分的百分比计算出你的期末成绩。在这其中有一种常见的考核方式就是小组作业，这就需要你跟一群陌生人组队完成一个课程报告，这非常考验大家的沟通交流和合作的能力。

第二是人生规划和职业规划。我觉得这可能是大家最缺失的东西，也是我的中学时代所忽略掉的东西。我建议大家可以在学习之余了解一下大学的各个专业。我们可以在各个大学的官网里查看专业设置，然后了解各个专业介绍，包括这个专业要学习什么样的课程，该专业以后的职业导向，有什么参考书籍推荐等。考上一个好大学固然很重要，但是我觉得选好一个专业的重要性并不亚于考上一个好大学的重要性，学好一个专业是将来职业生涯的基础，虽然对于有些专业来说，专业和职业确实大相径庭，但是对于一些职业导向比较强的专业来说，可替代性就比较弱了。比如，外国语学院毕业的学生以后大概率不会当医生。选好一个专业是职业规划的第一步。你们目前最重要的是要弄清楚自己的人生定位，想清楚自己以后想要过哪种生活，由此选择自己的专业以及职业。

六、听从你心，无问西东

最后分享我高中时最喜欢一段话与大家共勉，这段话出自电影《无问西东》："如果提前了解了你们要面对的人生，不知你们是否还有勇气前来。看见的和听到的经常会令你们沮丧，世俗是这样强大，强大到生不出改变它们的念头来，可是如果有机会提前了解了你们的人生，知道青春也不过只有这些日子，不知你们是否还会在意那些世俗希望你们在意的事情，比如，占有多少才更荣耀，拥有什么才能被爱。等你们长大你们会因绿芽冒出土地而喜悦，会对初升的朝阳欢呼跳跃，也会给别人善意和温暖，但是却会在赞美别人的同时常常甚至永远地忘了自己的珍贵。愿你在被打击时记起你的珍贵，抵抗恶意。愿你在迷茫时坚信你的珍贵，爱你所爱，行你所行，听从你心，无问西东。"

全力以赴，你会很酷

何家驹

何家驹

【个人简介】何家驹，男，2019 年以 672 分的成绩考入北京航空航天大学宇航学院。

一、成长经历

曾经以为走不出的日子，现在都回不去了。自小学三年级开始，我便一直在长赤读书，接受着这片土地无声的养育和馈赠，最终在高考中能以长赤中学学子的身份为家乡争取到荣誉，我感到十分骄傲。得益于父母和老师良好的启蒙教育，从小我便被贴上了"好孩子"的标签。但不同于大多数好学生的安静与沉着，爱玩爱动才是我在大家心目中的印象，打篮球、打游戏花费了我太多的时间，一些不好的习惯也因此形成，这为我中学阶段坎坷的学习生涯埋下了一些隐患。

二、学习经历

在我看来，学生在小学阶段最重要的事情是养成良好的学习习惯，在父母的悉心照顾和老师的正确引导下，小升初时，我顺利地进入长赤中学尖子班。我原以为初中生活会跟小学一样顺风顺水，但没想到在第一节课自我介绍时便因和同学讲话而被班主任吴琳老师拎出来罚站，之后为了让我改掉坏习惯，吴老师也是费尽了心思。学习习惯是有所改善了，但我的成绩并没有因此有太大的提升。我和成绩一直处于班级中游，直到一次月考我意外地考到了班级前列，也许是体会到了这种进步带来的喜悦和满足感，我开始潜移默化地培养自己潜心学习、钻研问题的能力，我的成绩也一步一步地提升，到了初二下学期我便稳定在年纪前十的水平。在这个过程里，家长和老师们的不懈鼓励为我提供了源源不断的动力，我对此深表感激。

到了初三，也许是由于青春期的叛逆，又或是之前的坏习惯有所保留，我与老师和家长的矛盾日益堆积。那个时候，我还未成熟到抵抗这种干扰并解决问题，我没有将压力转化成向上的动力；相反，我选择了逃避：不想学习，逃课打球、逃课打游戏是常有的事情。最终在中考时，毫无疑问，我考砸了。

初升高时，我选择留在长赤中学，但是我整个高一、高二时期还是延续了初三时的颓势，虽然我深知每一次考试成绩的不理想皆源于平时的懒惰、不总结错误，但我还是没有足够的动力学习，我还是用粗心、马虎的借口来欺骗自己。

转折点又是一次考试，我又是意外地考好了，学校为优生提供的培训让我彻底地明白了自己与高手之间的差距，我清楚地知道我离自己的目标还有很远的距离。所以，为了不再像中考时那样给自己留下遗憾，不再让家人感到失望，我决定在高中最后的一年里潜心学习。但事情往往不是一帆风顺的，基础的不牢固和急于求成让我在高三的上半学期的成绩并没有提高，一次又一次的成绩不如意的确令人沮丧，但正如巴萨球迷宣言"白云偶尔会遮住蓝天，但蓝天永远处于白云之上"，我相信失败只是成功路上的垫脚石，放弃很简单，但坚持一定不会错。在此，我要感谢我的班主任张超老师，他与我的每次谈话都为我提供了正确的方向，坚定了我向前的决心。

在最后一学期的复习中，我对自己的学习有了更多的总结与思考，与其一味地毫无目的地刷题，不如将时间精准地花在需要提升的地方。对于理综选择题，我拿不了高分，便做了两套纯高考选择题；对于生物，我总是犯一些基本的错误，我便尝试着背下了四本教材；对于化学，我不能获得高分，便开始收集每一种易错题型，并加以总结与运用。幸运总是眷顾努力的人，我的成绩在高考前一直稳定上升，从 600 分、620 分、640 分到高考时的 672 分。

回顾这段经历，我印象最为深刻的是我高考时状态的放松，虽然头顶着高考的巨大压力，但我没有了之前考试时由于知识掌握不牢靠而带来的焦虑，或许也是因为我的良好心态，我的高考成绩超出了我的预期。

此外，我建议学弟学妹们在学习之余适当地做些运动，这对于我们缓解压力、保持良好的精神状态很有帮助，当你跑完步、打完球后你会发现自己的学习效率有所提高。

三、结语

　　希望学弟学妹们可以从我的经历中吸取教训，得到启示，并找到适合自己的学习方法，在高考中取得理想的成绩。最后，感谢老师们对我的辛勤付出和悉心指导，你们的教导，我铭记在心；你们的帮助，我感激在心。祝你们工作顺利，万事胜意。感谢长赤中学为我提供了如此好的学习与成长环境，祝愿母校大展宏图，再创辉煌！

我在清华大学等你

李 胜

李 胜

【个人简介】李胜，男，来自南江县天池镇，2019 年以高考 706 分、巴中市理科第一名的成绩考入清华大学。

回望在长赤中学的这七年，当我第一次品读《走在青春的路上》一书的时候，我就非常仰慕那些书中的人物。转眼几年时间过去了，却不曾想到自己也能有机会和各位学弟学妹们分享我的学习方法与经验。

一、学习方法

1. 重新开始，与各学科的老师配合

这是最重要的。我们要与高中老师配合，真正能帮助我们的是各学科的老师。我们尽量不要依赖于家教，也不要依赖社会上的培训机构。我们一定要注意课堂教学，要尊重、理解、配合各学科的老师，适应老师的课堂教学。

2. 养成阅读的习惯

阅读不仅仅局限于语文、英语，还包括其他学科：数学、物理、化学等。每门学科都有一定的阅读量，只是阅读的要求不一样、角度不一样。所以我们首先要培养阅读的习惯。我们对阅读的要求是教材阅读＋课外阅读。课外阅读读什么？我推荐《读者》《中国青年报》等。英语、语文的阅读要大声地读出来，要有感觉地读，要大量地阅读。如果像"小和尚念经，有口无心"，效果是不会好的。

3. 养成多动笔的习惯

不要只用眼睛看，还要多动笔写，好记性不如烂笔头。不要认为看看就能学会，对于很多问题，用眼睛看的时候好像是会的，实际上是做不出来的。如果一开始不养成动笔的习惯，到了高二如学习解析几何、立体几何时，不动手就做不出来。因为里面有许多的技巧，如一个点在曲线上面，那么这个点坐标可以用一个字母来表示，那么你是选择用横坐标还是选择用纵坐标来表示？所以我们要多动笔，动笔有助于我们后续的学习。

二、大学感想

怀着对清华大学的憧憬，通过努力学习我走进了梦寐以求的清华大学校园。在这里，没有枯燥、呆板的教学，我更多地感受到的是清华大学的人文氛围、深厚的道德底蕴和强烈的历史使命感、报国心。"自强不息，厚德载物"的校训，使我深入思考个人前途与国家命运的紧密结合；专家学者的上课，或谆谆教导，或启发引导，都使我强烈地感受到时代的脚步、知识的乐趣；古色古香的建筑、单纯的校园生活、学生们的笑声，又使我寻找到青春和活力。

在大学里，学习是永恒的主题。时代快速更迭，知识不断更新，我们更要注重对自身的培养。人要持续学习，才能不断提高自己的实力，才能使自己不被时代所淘汰。就像"自强不息，厚德载物"的校训已像春露一样渗入了清华大学校园里的每一寸土地和每个人的心田，每个学子都应该努力奋斗，开拓创新，为国家发展和社会进步贡献自己的力量。

三、结语

在长赤中学七年，我非常感谢各位老师的培养和同学们的关心，没有你们悉心的指导与关心，就没有我现在的成绩。同时，我真心祝愿各位学弟学妹们，都能实现自己的大学梦。

最后，我衷心希望你们走得好一些，再好一些。不要忘了欣赏路上的风景，需要努力克服路上的磨难。只要你不停下前进的脚步，目标终将到达。我在清华大学等你。

以梦为马，不负韶华

侯晓蓉

【个人简介】侯晓蓉，女，来自四川省巴中市南江县天池镇，2015 年以 741 分的中考成绩考入长赤中学，2019 年以 650 分的高考成绩考入四川大学。

侯晓蓉

一、求学经历

刚踏进高中的门槛时，我和很多人一样都满怀信心与希望。高中是一个新的起点，也是我们最重要的一个命运转折点。我渴望为这个新的征程添上一个圆满的句号。但是，高中学业十分繁重和艰难，每天被安排得满满的时间，一开始就给了我一个下马威。刚开学的很长一段时间，我都在努力适应作息时间，调整自己的状态，甚至也第一次感到了学习的乏力与无奈。我感受过单科不及格的尴尬，也经受过考到年级七十多名的压力。很幸运的是，我是一个不愿意服输的人。我慢慢适应了高强度的作息时间，也努力弥补了自己各科的不足。即使在我学业最不济的时候，我也相信我可以改变现状。

二、学习方法

我并无特别优秀的地方，也没有什么太高效的学习方法。相信大家都有更好的、更适合自己的一套方法，但我还是想给大家分享一下我的学习方法。

对我来说，学习大概就是上课认真听讲，下课认真完成作业。我比较重视看教材，如生物、化学的教材。每次考试之前看一遍教材，我可能会发现很多"意外"的知识点。对于数学和物理学科，我认为最重要的就是理解知识点和做题巩固。而对于英语的学习，我比较重视词汇量的积累和题型的练习。另外，在准备高考的时候，我买了各科的高考真题，我每天都要完成定量的任务。虽然不提倡"题海战术"，但大量刷题对我还是很有帮助的，在做题过程中我发现了很多自己忽略的地方，这也让我避免了某些不必要的失分处。

三、大学那些事

大学相较于高中，时间相对更加自由。在大学里，你可以遇到很多很有才华、有能力的人，也会认识很多在各个领域里出色的老师。你可以加入自己感兴趣的社团，和志同道合的人一起发展爱好；也可以专心钻研学习，在浩瀚的图书馆中博览群书。大学，是一个让人从稚嫩走向成熟、从不谙世事变得饱谙世故的蜕变阶段，是一个让人不断完善和发展自己的平台。

自律即自由

韩明霞

韩明霞

【个人简介】韩明霞，女，长赤中学2019届毕业生，现就读于吉林大学。

一、个人感悟

2001年，我出生于四川省南江县红光镇，那个时候它还叫红光乡。2019年盛夏，我很荣幸成为吉林大学交通学院的一份子。在大一学年我获得了国家励志奖学金。

当我打开电脑开始敲键盘时，我的脑子里第一个想对你们说的就是——现在看似单调重复的日子，还有被忽略的纯粹的微笑，或许在未来的某一天，会是鲜活而深刻的怀念与永恒。对我来说，那种难量的欢喜已离席，而对你们来说还正当时。我希望你们能够珍惜当下的每分每秒，毕竟余生很宝贵，请别浪费。

记忆回溯到我的高中时代。在学习和生活方面，我非常认同一句话：自律即自由。良好的自我学习与自我管理能力非常重要。我们心中得有一把尺，得知分寸。当然我们并不具备丰富的阅历，也不要求我们对周围的很多事情做到有分寸以及恰如其分。但至少对于一直陪着我们的人——我们自己，要明白学习就是我们力所能及的事情，是掌握在自己手里的事情，不去把握，就等于放弃自己。

二、学习方法

自我约束只是个重要前提，分量更重的一个词叫落实。马克思说过："哲学家们只是用不同的方式解释世界，而问题在于改变世界。"实践才会实实在在地拔高我们，那么接下来我就讲讲如何去实践，也就是学习方法。学习方法是因人而异的，那么如何根据自身的特点找到适合自己的学习方法呢？在我看来，学习任何知识点都要经历它、掌握它、运用它的过程。每一个部分都有各自的特点，每个人都有自己的优缺点，我们需要对症下药。就以我自己为例，我的脑子其实不算特别灵活，我对于新知识的接受速度没有那么快，于是我在初步学习的时候就尽可能地多去预习，做到笨鸟先飞。至于要掌握的知识点，我们就得跟着老师的讲解走并加以例题的辅助，这很重要。在做题目运用的时候，我们需要透过现象看本质，不能局限于题目本身，也就是得知道这道题考的是什么知识点或者是哪个知识点的变形。如果你善于举一反三，那知识点运用起来也是得心应手；如果你的思维没有那么发散，你就可以多练习，熟能生巧。总之你得努力去完成这些个过程。

除此以外还有很重要的两个部分：错题与思维导图。我认为这两个部分不像上述学习知识点部分独特性那么高，但这对每个人都是同等重要的。首先展开讲讲错题，我的高中老师经常对我们说：不要害怕犯错，你现在错得多，在高考场上是不是就错得少了呢？不怕犯错，但不能总犯同一种错误。减少犯同一个错误的有效方法就是整理错题，即做错题集。这并不是指把错题和答案誊抄一遍。建议大家使用活页本，并且按类型整理经典错题，但并不要求把每一个错题都工工整整地抄下来，毕竟我们的时间有限。其次，思维导图非常实用，事物是具有普遍联系的，更不要说联系紧密的知识点了。每一章的知识点都是由浅及深的，章与章之间也是有联系的。在学完一章后，我们可以尝试自己绘制思维导图，罗列这一章节的知识纲要以及它们之间的联系。这样做的目的是让自己有个框架，这对于学习和记忆知识点有很大帮助。要记住没有突如其来的幸运，只有日复一日的认真，脚踏实地总是没错的。

三、大学生活

进度条拉到我的大学，分享一下我的大学生活。在大学，自律即自由的意义就更加的深刻了，毕竟自由支配的时间确实多了很多。另外，老师们总说上了大学就轻松了，在这里我希望以后你们上大学的时候感受到的轻松不是每天在寝室没日没夜打游戏和看电视剧的那种轻松，而是能够健康作息、有精气神的轻松生活。现在国家一直注重素质教育，你们要有意识地培养自己的专业素养，并把目光放长远一些。在大学里你们会遇到许多优秀的人，也有更广阔的天地等你们探索，这一切都等待你们去亲身体验。

最后，我想说每一个苦读十余载的学子在高考场上都是自己的战士，向你们敬礼！也希望你们在6月8日下午那个合上笔盖的瞬间，能够有刀剑入鞘般的骄傲。

走在青春路上

何　涛

何　涛

【个人简介】何涛，女，来自四川省巴中市南江县长赤镇永福村，2019年考入吉林大学机械与航空航天工程学院。

一、成长经历

村上春树曾说："当你穿过暴风雨，你就不再是原来那个人。"一路成长，生活不断地给我们以磨练。现在的我，回想起自己的过往，发现长赤中学的几年学习生活无疑带给我了巨大的成长、收获和感动。

高中时期的我，每天只有一件事——学习，我的潜意识告诉我此刻只有学习才是对的，而现在的我也确实证明了那时候的选择一点没错。从高一开始，我就对学习充满了极大的兴趣：当我听到何明恒老师以独特的方式解读毛泽东的《沁园春·长沙》时，我第一次深深地感受到了诗歌的魅力，直到现在回想起何老师的课堂，我依旧感慨于何老师渊博的知识；当我第一次走进办公室和许成银老师探讨数学难题时，我第一次感受到学数学的乐趣。

回想过去，陪伴我成长的有敬爱的长赤中学的老师们。那几年，老师们除了教授我们知识外，还陪着我们一起奔向我们的未来。是他们在我们获得进步时给予我们最棒的鼓励；是他们在我们退步时给予我们最暖心的安慰和关怀；是他们在我们迷茫时坚定我们奋斗的力量；是他们在我们最坚持不下去的时候给予我们坚持下去的动力。他们是可爱的人儿。所以，亲爱的同学们，别抱怨为什么有那么多文章要背，为什么有那么多公式要记，为什么有那么多卷子要做，老师的话为什么那么多。珍惜这段时光吧，将来的你很有可能不会再遇到像他们这么操心你未来的人了。

青春的路上，陪伴我成长的还有我亲爱的同学们，那些"调皮捣蛋"的同学给我们单调的高中生活带来了无穷的乐趣；那些成绩优异的同学带给了我们学习的无限动力；那些踏实认真的同学让我们始终相信学习态度的重要性。在高中，我们花了大半的时间在教室，我们和同学们、老师们一起生活、一起学习、一起分享生活的乐趣、一起解决学习的困难。高三那年，我们围坐在一起，一起探讨未来。我们在迷茫时相互鼓励，我们就像是一群战友，奔赴各自的未来。

没有用脚踏实地的心态建立起来的东西，就无法形成精神和物质上的支撑。我们不必太纠结于当下，也不必太忧虑于未来，人生没有无用的经历，当你经历了一些事情后，眼前的风景自然和以前不一样了。高中的学习绝不仅仅用于考上大学，从长远来看，这段经历可以说对于大多数人来说都是一段宝贵的且必须珍惜的经历。

二、未来发展

高中的自己，被大山遮住了看向远方的眼睛，当我翻阅学长学姐们的成长经历时，我的内心也曾激荡澎湃，也曾对大学有着无限的憧憬。而如今的我早已走进大学，却发现大学远远不是我要的终点。大学里的学业不像高中那样繁忙，课堂也不像高中那样紧张，但是相同的课堂时间里，大学的学习容量远远超过高中。除了课程之外，大学里还有许多比赛活动，你可以和同学一起发明创造一个新东西或改进现有的产品，也可以邀请其他学院的同学一起申请创业计划。大学里让自己变得更优秀的机会有很多，止步于此绝对是错误的选择。因此现在的我依旧努力，依旧不断地学习看书，我也结交到许多的优秀同学，他们从未在进入的大学那一刻就止步前进，而是以一种崭新的姿态为自己的未来和梦想继续奋斗。

老舍说："青春是铁，环境是火炉。"我们的青春总是要被环境不断地打磨的，艰难方显勇毅，磨砺始得玉成，只有如此，我们才能成就大器。我们的未来总是充满许多不确定性，对于即将步入真正的社会的我们来说，我们只有做好最好和最坏的打算才会有足够的力量抵挡所谓的苦难。

有些人因为相信而看见，有些人因为看见而相信。愿我们每个人都能成为因为相信而看见的人。

高中学习感悟

武　啸

【个人简介】武啸，男，2018 年高考以 630 分考入华南理工大学，目前就读于华南理工大学高分子材料科学与工程专业。

武　啸

一、成长经历

细细想来，能在付超老师以及其他诸位优秀老师的带领下学习真是我的一份荣幸！正是他们的悉心教导和呵护让我度过了短暂而又美好的高中学习生涯。可现在当我想要真正地分享一些学习上的感悟和方法给学弟学妹们的时候，却又不知何从下笔。思来想去，想将自己一正一反的经验分享给大家，希望能对大家有所帮助。

二、不要在高考时变换平日里的做题策略

数学是我平时考试最拿手的学科，在平时的模拟考试中我总是能很快地做完所有题目，且基本上不会低于 135 分。但是高考时我却只考了 117 分，这与我临时变换策略有着莫大的关系。记得高考时拿到数学试

卷的那一刻，我脑袋里不知为何突然冒出一个想法："以我平时的做题速度，基本上剩下的时间够我在草稿纸上再验算一遍的了，那我今天为什么不在做完每道题目时趁热打铁，将每道题目再验算一遍呢？防止因为失误丢掉不该丢掉的分数。"可能是由于在考场上比较紧张，我选择了这一策略。而正是这一策略使得我在简单题目上花费的时间过多，而在较难的甚至稍微难一点的题目上花费的时间较少，时间分配完全不合理，导致我没有时间去思考许多题目，呈现在答题纸上的是一大堆空白。考场钟声响起，我剩下的只有懊恼和后悔。其实这一策略对于平日里做题快的学生来说不失为一种办法，但是应该在平时的模拟考试中对这一策略反复适用，然后结合自身的特点在高考上才应该、才能、才敢采用，否则只会像我一样临时变换做题策略而导致严重后果。

这一经验不仅适用于数学，也同样适用于理综这样的科目。大家都知道理综包含着三门学科，每个人做题的顺序是不一样的。在高考时，我们就应该按照自己平时训练的顺序来，切不可在高考上临时变换做题顺序。

三、良好的心态尤其重要

考完数学走出考场的路上，我碰见了许多的同学，他们告诉我数学考得非常简单，甚至可以拿到满分。我到现在都很难想象当时的感觉，依稀记得的是再怎么努力都无法舒展自己紧锁的的眉头，我的身边很嘈杂，但我一个字也听不进去，我只想回去大哭一场。午休时分，我不断地告诉自己："万一语文能考到130分呢？好像结果也不会那么坏。"虽然后来语文没有考到 130 分，但是正是因为我不断地激励自己反而让我放平了心态去参加第二天的理综和英语考试。事实证明，我真的没有因为数学的失误影响第二天的考试，我第二天的两门科目考得都还算不错，特别是物理，我的物理取得了 108 分的成绩。

学会克制负面情绪、放平心态何尝不是一种能力呢？

四、结语

大学的寒暑假时，高中同学会经常聚会，大家谈论的大都是高中那些点点滴滴的快乐。相反，大家很少会提到当初的那份辛苦，仿佛大家都只留下了高中那些美好的回忆。所以，学弟学妹们只管继续努力前进，你们的青春同样耀眼！

把握现在就是创造未来

何凡召

何凡召

【个人简介】何凡召，男，来自四川省南江县红光镇大柿村，2018 年毕业于长赤中学，现就读于电子科技大学电子科学与技术专业。

一、学习感悟

高中的学习其实可以用一句话概括——一份耕耘，一份收获。希望学弟学妹们能一直记住这句话。应届高中的我的成绩并不算优秀。在一个地方偷的懒往往会在另一个地方让你加倍奉还，高中三年的懈怠往往会带来高考的失利。回顾高中的学习生活，我感触颇丰，仅以个人经历谈谈我的几点感悟，供学弟学妹们参考。

无论是在高中还是大学的学习生活中，我从未见过智力超群的人，也从未见过天资愚钝的人，人与人的差距往往是努力程度不同的结果，以大家的能力努力三年完全能够进入中国顶尖的学府。回顾过往，我认为高中是人生中非常美好的时光，希望大家不要在高中留下遗憾。

学习形式是多样的，坐在教室看书是一种学习，躺在床上思考也是一种学习。学习的内容也是多样的，在学习之余也可以多读一些经济、政治、哲学相关的或者自己感兴趣的书籍，以加强自身的修养，这对于大家以后的发展有重要作用。

低头拉车，也要抬头看路。高中时大家的目标大多集中在要考一个好的大学，而忽略了对大学专业的认知以及对人生的规划，选择一个与个人兴趣和期望极不符合的专业会降低大家的学习热情。大家在进入大学之前要加强自己对专业的认知并能对自己的未来有一个明确的规划，也可以和已经步入大学的学长学姐多交流，我想这也是我写感悟的一个重要原因。同时，我也希望大家树立远大的理想，把个人的命运同家乡的命运、国家的命运紧紧联系起来，将来为国家、为社会做出杰出的贡献。

二、大学那些事

大学的学习与高中的学习有很大的不同，大学的学习自主性很强，大家在大学中也要保持良好的学习习惯。你越优秀，你的选择也就越多。感兴趣的同学可以参加一些竞赛，也可以在本科期间联系老师做一些科研项目，总之，我们要有明确的规划，要敢于尝试。大学提供给了大家一个很好的平台，是大家的专业素养、价值观、人生观、世界观形成的重要时期，因此更应该加强自身修养，博览群书。希望大家不要虚度光阴。

最后祝大家学习愉快，前程似锦！

有信心　有未来

向　超

向　超

【个人简介】向超，男，来自南江县长赤镇建华村，2018年考入吉林大学计算机科学与技术专业。

一、求学经历

青春无再少，人生须早为。年轻时的我们总是因害怕失败而放弃努力，却不知成功者往往都经历了千万次的失败。我们要勇于尝试，敢于坚持，有信心，有未来。

二、成长经历

年少的我，没有太多的想法，整个人比较无趣，由于受成长环境和父母的影响，我一门心思扑在学习上，可以说是"两耳不闻窗外事，一心只读圣贤书"。2011年9月我进入了长赤中学初中部学习。刚入初一，我的英语成绩非常差。我清楚地记得第一次期中考试时，我的英语考了81分，没有及格，是我所有学科中考得最差的。班主任非常关心我们每一个人，晚自习时总会走到座位前询问我们近期的学习情况，特别是弱势学科，他也多次提醒我要在英语上多花心思。在后半学期的努力下，我的期末考试成绩进步了一点，虽然我的英语考了 101 分，但其依然是我所有学科中考得最差的，班主任特意在我的通知书上写了"攻英语"三个醒目的大字。在那以后我花了更多的时间去学习英语。除了完成老师布置的任务外，我早自习的大部分时间都用来背英语，每天吃完晚饭后早早地去教室做题，遇到不会的就问老师、问同学。付出必有收获，坚持了一学期后，我的英语成绩得到了极大的提升。在初二下学期以后，我的英语成绩都能稳定在 135 分以上，虽然不是最好的，但它已经从我的弱势学科变成了我的强势学科，这算是自己巨大的进步。能坚持做自己不擅长的事并最终将其变得擅长是一件很有成就感的事。人最大的敌人是自己，战胜了自己、突破了自我就是最大的成功。

2014 年 5 月，我和许多同学一样通过了南江县的自主招生考试，顺利进入了长赤中学高中部学习。由于学习难度的增加和自己学习方法的问题，高一开始的那段时间我的学习成绩很差，第一次月考时我较擅长的数学却没有及格，数学老师走到我面前很严肃地问我是不是每天都在玩，这让一直脸皮都很薄的我羞愧难当。在那以后，我及时调整状态，课堂上紧跟老师的思路，认真完成各科任务，在自己的努力下和老师的帮助下我的每一科都有了较大的进步。三年期间，我的成绩起起落落过很多次，每一科都有过不及格，但这并没有让我丧失信心，因为我一直信奉着一句话：只要坚持，就会慢慢地进步，不放弃，有信心，有未来。高中班主任也会经常找我们谈话，他在谈话中引经据典，谈古论今，每次和他相谈一番后我总会豁然开朗。"漫长"的三年很快就在一个个课堂、一场场考试中溜走了，高考如约而至，我最终的高考成绩没有辜负自己的努力，是我高中所有考试中考得比较好的一次。

总的来说，初中生活是比较轻松的，是充满欢歌笑语的，三年过得很快。高中生活相对"难熬"一些，多了升学的压力以及很多其他要考虑的问题。高中生活中我有过无数次失落的时刻，失落于成绩的不理想；也有过许多欣喜难忘的日子，欣喜于自己取得的小小进步。在高中，我缓解压力的方式是跑步。在心情低落的时候、在感到压力很大的时候我都会去操场跑步，这既缓解了压力，也锻炼了身体，同时还让自己懂得了坚持。从初三开始我连续三年参加学校运动会 3 000 米项目，长跑是一个坚持的过程，就跟学习一样，需要长期的坚持才能有更大的成绩。每当没力气的时候，我会默默告诉自己再坚持一会儿，然后就会到达目标。在这过程中有很多人为我加油打气，他们就像我在人生前进路上那些给我提供帮助的人。

进入大学后，在来自全国各地的"高手"面前，我显得较为平庸。仔细总结过后我发现，很多人的厉害之处在于他们的学习能力：自学的能力、对新鲜事物的接受能力、对这个世界变化的认知能力，这些都是我所缺少的，也是我这个专业必须要具备的，也可以说是每一个当代青年都应该具备的能力。进入大学这两年多以来，我也曾有过迷惘的时光，但迷惘过后依然要面现实，只有立足于当下，走好现在的每一步，才能有更光明的未来。都说人生中的重要节点中有几个：中考、高考、考研、工作等，把这几步走好，人生路就能走好。但要想走好每一个节点，必须靠平时的坚持和积累，只有走好当前的每一步，结果才能水到渠成。

　　回想起在长赤中学走过的青春岁月，每一幕都历历在目，感谢那些年没有放弃的自己，感谢遇到的每一位老师。最后愿长赤中学每一位学子都能珍惜青春时光，在长赤中学走好自己的每一步，愿长赤中学的老师工作顺利、身体健康、桃李芬芳，愿长赤中学越来越好。愿我们一起走在青春路上，书写美好未来。

我与我的对话

赵海涛

赵海涛

【个人简介】赵海涛，男，四川省南江县长赤中学高 2018 级学生，2018 年考入中山大学。

不得不感慨时间过得可真快，当年还在崇拜《走在青春的路上》书中的学长学姐的我，如今也成为其中的一员。记得当初学校发给我们这本书的时候，我恨不得在上课的时候也要偷偷瞟它几眼，仿佛其中有着一个得以窥见新世界的门缝，它紧紧地拽着我的好奇心。我现在试着想象你们的样子，脑海中浮现的是当年的我和我的同学们在长赤中学埋头苦学、嬉笑打闹的场景。仿佛你们是平行世界中另一个版本的我们，在一样的教学楼中，你们之中还有没有另一个赵海涛？如果有的话，我有些话想要对他说。

嘿，赵海涛。你能告诉我你为什么打开这本书吗？没关系，作为最了解你的人，你不说我也知道你最想知道的是大学是怎样的，外面的世界是什么样子的，其次才想知道有没有更好的学习方法，来让你的学习更进一步。

那么下面是我的回答。

大学很漂亮，面积很大，活动也很丰富，你得花几年的时间仔细地去摸索。但是现在你得马上停止对大学、对未来的臆想，用你腾出来的时间、精力全力地去过好你的中学时光。也许你会有抵触情绪，但其实学习是你成年后除了吃饭和睡觉之外，最快乐、最有意义的事，它会伴随你的一生，它会帮助你实现你想做的事。几年来我认识了很多厉害的人，他们凭借自己的兴趣与热爱，独自在一个领域从零开始学起，并最终成为该领域的"大牛"。在大学，跨领域学习对学生、老师来说再正常不过，所以你才需要提升你的学习能力。我知道你一直渴望成为一名大人，在家里想让父母认真对待你的每句话，在学校你希望可以像个成年人一样跟老师交流。那你得知道作为一个成年人，工作是必不可少的，成年人工作是为了挣钱维持生活。而你现在之所以可以维持现在的生活，归根到底是因为你在进行学业这项工作。如果你想长大、独立，你就得做好这份工作。更重要的是，你需要在这个过程中有意识地培养自己学习的能力。你要学会珍惜现在这种稳定、持续、有人陪伴、有人督促的学习模式，因为以后当你再想学习某样东西时，你得先花跟学习一样多的甚至更多的时间与精力去获得学习资源。而现在，你只需要放肆汲取现成的拿到你面前的知识就够了。

除此以外，我还想简短地谈谈具体的学习方法。

不得不说你每次上课高度集中注意力听讲为你省下了许多时间。如果你不及时消化上课的知识点，就很难跟上老师的步伐。而你能够专心听讲，与你每次坐前排是分不开的。还记得你初中时那个挨着老师讲桌的"特殊座位"吗？在其他班，这个座位都是给不认真学习的同学坐的，而你一连在这个座位上坐了几个学期，而那几个学期你没有一节课打过瞌睡。

对于其他的学习细节，你照着老师说的做就可以了。遇到问题时，你可以多寻求老师的帮助，就会在不经意间收获别样的思维方式。同时，你跟老师沟通越多，老师才会越了解你。我们的老师不仅关心我们的学习，还会关心我们的生活，相信整个长赤中学的老师都是如此。当你对老师了解得越多，你才越知道老师有多可爱，你别被他平时的严厉给"骗"了。

我的中学时代就是在两场烟花秀中度过的，一场烟花秀送走了我的学长学姐，一场烟花秀送走了我。在属于学长学姐的烟花秀中，我激动地泛起了泪花，想象着即将到来的青春，想象着自己可以抛却孩童时的稚嫩，我心有所向并为之奋斗。在属于我自己的那场烟花秀中，我未来的这扇大门终于被完全打开，大声宣告着我开始过真正属于我的人生了，我可以大步奔跑了。

最后，我只希望读到这里的你，在未来某个教室拿着笔想怎么写好老师委托给你的对学弟、学妹们的寄语时，在回想起那场烟花秀时，是不带遗憾的。

自知者明

李永琪

李永琪

【个人简介】李永琪，女，来自四川省南江县沙河镇，2018 年考入吉林大学材料科学与工程学院。

一、求学感言

学习是一生的，但不是冗长的。你冥思苦想解出一个个难题的快乐不亚于听见放假之前最后一声清脆的铃响。探索学习也是在探索我们自己，而自己则是这一生最伟大的命题。

二、成长经历

和身边出生在农村的孩子们一样，我在乡村小学上过几年学。其间，我随着外出务工的父母去过烟台，并在那里读了两年小学。回到家乡时，因为此前的学习进度跟乡村小学的不一样，于是我跳了级。向来成绩不错的我因为跟不上学习进度，考试成绩近乎不及格。后来随着我的状态回归，我的成绩也慢慢提高了。在大人和其他同龄人的眼中，我一直都是一个乖乖女的形象：成绩不错、从不叛逆、安静寡言……直到上了初中，我当上了班长，开始管理班上的大小事宜。在严格要求自己的同时，我也不断鞭策其他同学努力学习。我在解决一次次矛盾冲突的过程中逐渐听到和感受到了同学们对我的不满。于是我开始自我反省：我究竟做得对不对？然后我做出了改变，我不再关心哪一个同学作业没交，不再拿着教鞭让他们保持安静，我把更多的时间花在了自己身上。直到毕业之后，很多同学向我表示了感谢，感谢我鞭策他们，没有让他们把时间浪费在闲谈上。这时，我才意识到我对自己产生了错误的认知，我不应该被几句抱怨打倒。如果我把自己的价值建立在他人的言语上，我将永远处在被动状态，永远不会尝试突破，永远不会信任自己。

　　在高一文理科分科的时候，对化学和生物浓厚的兴趣让我毫不犹豫地选择了理科。如果说一场考试就像一场战争，那我在物理这门课的表现可谓是"节节败退"。随着难度的层层叠加，我的物理成绩也慢慢下滑。对物理课的恐惧让我一上课就犯困，我理解不了力、电、磁，无法进入牛顿、法拉第、麦克斯韦等巨人建造的大厦，更别说飘在大厦上面的量子力学和相对论这两朵乌云了。于是，有一段时间里我几乎放弃了物理：要么把物理课当作睡觉的早读课，要么就不写作业，导致我的总成绩和排名总是被物理拖后腿。我常常会想为什么当初不去学文科，而要挑战我不擅长的抽象世界，我总认为自己当初的选择是错误的。当我破罐子破摔之后，我决定努力提高我的物理成绩。慢慢地，我开始从基础的公式学起，虽然我并非天资聪颖，但是我还是靠着笨办法努力地学物理，物理辅导书几乎是我整个高三的睡前读物。果然上天是会眷顾我们这些笨小孩的，到高考时我的物理大概提高了 40 分，是我考得最好的一次。与其他物理满分的学霸相比，我这物理成绩根本上不了台面，但这是我在高考战场上"浴血奋战"得来的成果。

自从步入高中，仿佛一切都要给学习、给高考让路，我们鲜活的个性在试卷面前趋于小心翼翼，因为我们知道分数给我们划定了未来的大学、甚至未来人生的大致方向。尽管如此，我们的梦想还是不能被分数禁锢，虽然分数被限制在一条条冰冷的线上，但人是活的，我们的身上流淌着最生动的血液，何愁不能实现自己的梦想？光把努力挂在嘴边是没有用的，我们要在认识自己的基础上科学地审视自己的能力，发扬自己的长处，不断弥补自己的短板。

老子在《道德经》中写下："知人者智，自知者明。"意思是能了解他人的人是聪明的，能了解自己的人是智慧的。看到别人身上的优缺点总是很容易，而清楚地了解自己却是困难的，所以自暴自弃和骄傲自大都是很愚蠢的行为。我们要知道自己的目标，在实现它的过程中我们会慢慢认识自己，发掘自己的潜力。

三、青春寄语

送给在情感中蠢蠢欲动的少男少女：爱情不是禁果，没有未来和结果的爱是一张空头支票，请好好享受在 18 岁之前的自我；送给偏科的同学：现在就开始学习不擅长的科目吧，最基础的知识才是最有价值的；送给充满烦恼的同学：事情总是没有你想得那么坏，着手开始做会消除一切顾虑和不安；送给所有学弟学妹们：祝你们学有所获，在理想的天空展翅高飞！

为自己而奋斗

李 义

李 义

【个人简介】李义，男，来自四川省南江县天池镇池塘村，2018年考入中山大学物理与天文学院物理系。

一、序言

青春是一条自我奋斗的道路，你我都行在其上！无论自己走得多远，都要学会回望过去，反思自我，勿忘本心。

二、求学经历

2015年夏天我有幸就读长赤中学，当我刚刚进入高中的时候，一切都是新鲜的事物。跟每一个长赤中学学子一样，我带着对高中学习与生活的期望，去迎接这长达三年的试炼。起初，我同大部分同学一样，并不知道自己奋斗的目标是什么，也不知道自己的实力会如何。但是在高中的学习过程中，我逐渐明确目标，认清自我，实现自我提升。

高中学涯中充满了挑战与坎坷，但无论如何都要保持自信。我初中自以为以不错的成绩进入长赤中学，我对自己的实力也是颇为自信，自认为不输于任何人。然而，在高中第一次测验之后，我却受到了巨大的打击——自己的排名并不是很高。这也让我清醒地认识到，我身边的人个个都是强者，这些跟我一同出发的人的实力并不输于我。值得庆幸的是，高中正是大家都处于志气蓬勃的时候，挫折并未让我开始贬低自己，反而激发了我更加强大的斗志，让我学会重新评估自己的实力，并反省自我，脚踏实地学习。虽然我描述的是我在经历一次打击之后很快就顿悟的经历，但实际上这并不是一朝悟道，成绩就此蹭蹭上涨，而是源于我整个高中时不断地自我成长，源于我一次次失败后的不愿放弃的拼搏。

即使没有明确的目标，也要抱有奋斗的决心。刚进入高中时，我对未来的道路没有一点认知，当其他人谈起要考什么大学时，我甚至对有哪些好大学都没有任何认知。但是这并不妨碍我在高中时为之努力，虽然我并没有立下目标去考哪一所大学，但我知道只要我沉稳心思学习，为了超越他人而奋斗，最后的收获也会不负我望。

高中是充满压力的，每天除了睡觉、吃饭就是学习，想必大家也深有体会。但我很欣慰我能坚持下去，就像攀登一座高峰，攀登的过程中充满困难，需要强大的毅力和坚定的决心。如今我已爬过这座山，也回想以前起早贪黑的奋斗的过程，但我更想告诉大家：山顶的风景很好，值得为之坚持努力。我也很感激陪伴我一起努力的同学们，他们让我感受到在为梦想奋斗的道路上，行走的并不是只有我一个人。

三、学习感悟与方法

其实我很惭愧给大家分享自己的学习方法。因为我并不认为自己有什么优秀的地方，我也不比旁人聪明多少，我所做的也就是尽最大努力做好应该做的事情。

我们要在课堂上认真听讲，并且集中注意力去听懂课堂上讲述的大部分内容。我曾经看过一段笑话：一个网友说他记得以前在一次数学课上掉了一只铅笔，而从他弯腰捡起那只铅笔之后，就再也没有听懂过数学课。虽然现实并不会如此离谱，但我也担心过会因为没有掌握某些课堂内容，而导致一连串的负面效应。所以我在课堂上都是集中注意力去听讲的，并且课堂的难度越大我就越认真。当然，谁也不能保证每次课堂都能全神贯注，我偶尔也会因为开小差导致错失内容，但我会在课后尽快地弥补回来。而在课堂上记笔记时，对于偏向于理解性的科目，我并不习惯在课堂上花时间去记录，因为我无法做到费劲脑筋去理解知识点的同时，还有过多的精力和时间把它抄录下来。因为课堂最重要的就是跟上老师的进度，通过老师的引导去思考并内化，而这种思考的过程是在课后很难通过笔记复盘的。

我的记忆力并不是特别好，所以对于数学和物理学科，我很少会死记公式，虽然有很多巧妙的结论，以及方便得可以直接套用的公式，我都没能直接记住。但是，这并不代表我不能掌握没能记住的内容。数学和物理的很多公式都可以从最基本的定义出发而推导出来的，比如，在纸上画一个三角形就可以推出所有常用的三角函数，牛顿三大定律就可以让你在高中力学的学习中游刃有余。只要多花时间从基础出发推演其他公式，不仅可以减少不少记忆压力，还可以让你理解知识的本质从而走得更远。

学习不但是积累知识的过程，更是需要不断挑战自我、敢于弥补自己缺陷的过程。在整个高中学习生涯中，我并没有让人眼前一亮的学习方法，但我一直肯花时间去思考问题，去理解和梳理事物逻辑，最终我也获得了成功。

四、大学生活

很高兴能够与你们分享大学的生活，我所在的校区靠近大海，当我到达学校时，也实现了走出校门就能看到大海的愿望。在傍晚我能在海边骑行，看远处灯光闪耀的港珠澳大桥延伸至远方，听海浪汹涌澎拜的前仆后继。在这片星辰大海下，是另一个会让你发生蜕变的地方，是一个充满机会实现征程的起点。

当然，不同的大学有不一样的环境，每个人也会拥有不一样的体验。也许你喜欢摄影，那么你会有机会接触更专业的摄像知识，也会为购买自己的第一个单反相机而努力；也许你喜欢运动，那么这里也会有校级甚至更高级别的比赛来施展你的才能；你有更多的机会与他人合作沟通，共同完成项目……每个人都能在大学里去追求个人兴趣、实现自我价值，而不是像高中那样局限于六门科目的学习。

大学如此自由，却也要求大家能够约束自我，实现自我管理。自由并不意味着放任自己，在自由的同时我们也要对自己负责。在大学校园里，你可以看到每天都走向图书馆学习的人；可以看到努力考取各种证书的人；也可以看到为一场校园晚会而忙碌奔走的人。大学并不是结束，而是人生新的开始，是为梦想奋斗的新篇章。

五、结语

回忆往事，分享经历。作为一个也像你们一样希望通过努力而改变自我的前行者，谈论一些深切感受，也是自我剖析、自我审思的过程。或许我所言能对你有所启发，那么我很高兴能为你的学业锦上添花；或许我所言对你并无帮助，我也感谢你愿意花费时间听我吐言。每个人所处的状态并不一样，我的经历也不会让每个人都有所感悟。在青春的路上，每个人都有自己的一条路，我只不过在这条路上比你们先行一步，才有机会与你们分享一些我的故事。前路何如，还得你们自己去寻找和奋斗，但无论如何，请相信——未来可期！

后 记

　　《基础教育课程改革纲要》指出："为保障和促进课程适应不同地区、学校、学生的要求，实行国家、地方和学校三级课程管理。"校本课程的开发与研究对于学校实现办学宗旨，体现办学特色，向学生提供最营养的教育养分具有重要价值，它能够让学生贴近生活，开阔视野，促进其全面发展，体现学科教学的灵活性和开放性，从而实现"以学生为主体，以教师为主导"的新课程理念。

　　我们整合具有校本特点的三大文化——红色文化、耕读文化、励志文化；提出了"以红色文化铸魂，以耕读文化塑形，以励志文化激情"的"新耕读教育"育人理念；强调学校坚定落实"为党育人，为国育才"人才培养方针，挖掘红色文化资源、开展红色基因教育，让学生在红色文化浸润下，以爱党爱国作为自己的精神长相；弘扬"勤俭修身，耕读传家"的农村文明价值观，挖掘本土性耕读文化资源、开展耕读文化教育，让学生在耕读文化滋养下，既建立热爱自然、热爱农村、热爱家乡、热爱国家的价值观，又获得与自然和谐相处、与社会高度相融、于国家有为有用的智慧；突出"感恩党和国家、感恩社会、感恩师长"的情怀激励，让学生充分感知国家在党的领导下不断繁荣、富强的实际情境，充分感恩家长之爱、师长之爱，培养其关爱他人、关爱社会、关爱自己的健康情感。

　　"新耕读教育"校本课程体系体现为"明德""启智""强体""尚美""精技"的广义融合；倡导在借鉴传统耕读文化的基础上，要求学生不仅要学习科学文化知识，更要学习仁爱、孝悌等优秀的道德品质，树立正确的社会品德、行为标准，切实提高思想道德水平，沿着"养成好习惯，形成好性格，炼成好身体，学成好本领"的成长路径，全面发展，多元成才。长赤中学始终把培养"品端学粹，表率群伦"的合格高中学生作为目标，致力于培养"升学能深造，进城能务工，回乡能务农"的合格学生：他们能自主发现和实现个人的潜能，成为最好的自己；而且他们无论身在何处，都能尊重自然，关爱他人，服务社会，造福人类，并且乐在其中。我们把近几年来一些骨干教师的教学感悟和部分品学兼优的同学的成长经历与学习经验收集整理，形成文集，冠名《春华秋实》出版，意在让他们给师生们以启迪，让同学们找到青春的路标，不断前行。

　　为了保证编写质量，学校成立了"新耕读教育"校本教材编写委员会，制定编写方案，收集整理资料，做出详细的需求分析和资源分析，系统科学地编写，然后请专家教授进行指导。校本教材在编写时特别注重思想性，强化社会主义核心价值观教育，弘扬主旋律，突出正能量，对整合的资料精心甄别，对选用的作品反复琢磨，每年坚持修订。尽管如此，编委会在编写过程中也难免出现遗漏和不足，还请各位读者谅解并提出宝贵意见，以期不断完善。

颜邦辉

2024 年 5 月